Silvie Milchers

DINNER-PARTY
durchs Jahr

Für Mama und Papa

Inhalt

Vorwort 5

The Invitation 6
Eine Einladung zum Dinner

The Perfect Preparation 7
Vorbereitung ist alles

A Little Present 8
Kleine Geschenke erhalten
die Freundschaft

The Welcome 17
Willkommen zu
Appetizer & Cocktails

Classic Dinner 20
Das Menü für jede Jahreszeit

Happy Easter 32
Osterbrunch

Summer's Eve Dinner 40
Ideal für laue Sommernächte

Big BBQ 52
Grillparty im Garten

Coffee and Tea Party 62
oder:
Kaffeeklatsch am Nachmittag

Indian Summer Dinner 72
Essen im goldenen Herbst

Christmas Dinner 84
Weihnachten mit der
Familie und Freunden

Happy New Year! 96
Die Silvesterparty

Bread & Butter 104
Die Grundlage

Danksagung 106

Welcome At My Home

Liebe Leserinnen und Leser,
herzlich Willkommen in meinem Haus!

Ich bin Silvie, 31 Jahre alt, wohne in Gütersloh, einem kleinen Städtchen in Ostwestfalen, hauptberuflich bin ich Rechtsanwältin und liebe, neben meiner Leidenschaft für die britische Hauptstadt, auch sonst schöne Dinge.

So mag ich es besonders Familie und Freunde in meinem Haus um mich zu haben und gemeinsam schöne Stunden zu verbringen.

Meine Arbeit als Rechtsanwältin nimmt jedoch viel Zeit in Anspruch und mir fehlt oft die Zeit, stundenlang in der Küche zu stehen, bevor meine Gäste kommen. Dieses Problem kennen sicherlich irgendwie alle von uns: Zwischen Beruf, Familie und Haushalt ist es manchmal schwierig auch noch Gäste einzuladen und zu bekochen.

In diesem Buch finden Sie schnell umsetzbare Rezepte und Dekoideen, die ich über Jahre gesammelt habe, und dafür muss man auch keine gelernte Köchin sein. Mein Buch richtet sich vor allem an diejenigen, die keine Kochprofis sind und trotzdem ihre Lieben kulinarisch verwöhnen möchten.

Ich möchte Sie nun auf eine kulinarische Reise durch mein Jahr mitnehmen und Ihnen zeigen, was ich meinen Gästen durch das Jahr hindurch serviere.

Viel Spaß beim Lesen und Nachkochen!

Silvie

P.S.: Einen näheren Einblick in meine kleine Welt über Kochen, Mode, Reisen und Lifestyle finden Sie unter www.silvies-little-things.blogspot.de.

The Invitation
Eine Einladung zum Dinner

Allem voraus geht immer die Einladung …
Heute, in unserem medialen Zeitalter, gibt es natürlich jede Menge Möglichkeiten eine Einladung auszusprechen … per Email, Facebook, WhatsApp, SMS oder auch mit einem herkömmlichen Telefonanruf.

Natürlich bleibt es jedem selber überlassen, wie er eine Einladung ausspricht, und im schnelllebigen Alltag ist eine WhatsApp-Message wohl immer die schnellste Möglichkeit seine Gäste zu erreichen.
Ich nutze diese Möglichkeiten selber auch, insbesondere dann, wenn ich meine Freundin auf ein Gläschen Wein einladen möchte.

Wenn ich allerdings ein richtiges Essen gebe und mir dafür eine Menge Mühe mache, dann finde ich es persönlich besonders schön, wenn man sich ganz traditionell der Schriftform bedient.
Eine Einladung, die der Postbote bringt, ist immer noch die schönste Form.

Und wir kennen das doch auch selber …
Wenn mal ein richtiger Brief im Postkasten liegt, der nicht von der Krankenkasse, der Bank oder eine Rechnung ist, dann freuen wir uns darüber. So möchte ich, dass meine Gäste sich auch freuen, wenn sie eine Einladung zum Dinner von mir in ihrem Postkasten vorfinden.

*The Perfect Preparation
Vorbereitung ist alles*

Viel Zeit und Stress kann man sich im Vorfeld schon ersparen, wenn man den Abend gut vorbereitet. So kann man vielleicht schon am Vorabend den Tisch eindecken, die richtige Musik bereitlegen, Kerzen und Teelichtgläser neu bestücken …

Die Tischdekoration passe ich meistens der Jahreszeit oder dem Motto des Abends an.
Zu Ostern mag ich es am liebsten kunterbunt, im Sommer dekoriere ich mit Muscheln im maritimen Stil und zur Herbstzeit drapiere ich alles auf dem Tisch, was ich während eines Waldspaziergangs gesammelt habe.
Die Dekoration ist damit individuell und nicht so kostspielig wie ein großes Blumenbukett vom Floristen.

Tipps für die Dekoration findet man auch hier:

★ Großartige Tischdekorationen findet man in dem Buch Tafelschmuck von Amandine (Verlag: Busse Collection), auch: www.tafelvanamandine.be

★ Schöne Anregungen gibt es auch unter:
www.bezaubernde-tischdekoration.de
oder www.tischleindeckdich-blog.de/

Mein Tipp: Ich finde, Stoffservietten sind immer feiner als Papierservietten. Die müssen nicht aus Damast sein, günstige Alternativen in jeder Farbe und mit hübschen Mustern findet man z.B. bei Butlers für kleines Geld.

… erhalten bekanntlich die Freundschaft. So finde ich es immer schön, meinen Gästen eine Kleinigkeit mit auf den Heimweg zu geben. Das soll natürlich kein Geschenk von großem Wert sein, sondern eine kleine Aufmerksamkeit, die an den netten Abend erinnern soll.
Ich schenke am liebsten einen kleinen Gruß aus meiner Küche.
Je nach Jahreszeit backe ich ein paar Kekse und verpacke diese liebevoll, verschenke ein Gläschen selbst gemachte Marmelade, lege Fetakäse ein oder fülle für jeden ein Tütchen mit Zimtmandeln.
Das sind alles nur Kleinigkeiten, die nicht viel Aufwand im Vorfeld machen, über die sich meine Gäste aber jedes Mal sehr freuen.

Eingelegter Fetakäse

für 3 Gläser:
• 400 g Fetakäse
• 1 Chilischote
• 1 Bund Basilikum
• Olivenöl

Käse in Würfel schneiden. Chilischote in kleine Ringe schneiden.
Basilikumblätter abzupfen und grob hacken. Alles in die Gläser verteilen und mit Olivenöl auffüllen. Gekühlt ca. 1 Woche haltbar.

Selbstgemachtes Öl

für 3 x 0,5 Liter Flaschen:
• 1,5 Liter Olivenöl
• 3 Chilischoten
• Bunter Pfeffer

Chilischoten leicht anritzen, damit die Schärfe sich freisetzt.
Zusammen mit den Pfefferkörnern in jeweils eine Flasche geben und mit Öl auffüllen.
Hält ca. 2 Monate.

Sweet Easter Cookies
Süße Osterhasenkekse … die nicht nur zu Ostern schmecken!

Für ca. 90 Stück:

- 250 g Butter
- 175 g Zucker
- 2 Pck. Vanillin-Zucker
- 300 g Weizenmehl
- etwa 1 EL Milch

Vorbereiten:

Butter in einem Topf zerlassen, anschließend in eine Edelstahl- oder Porzellanschüssel geben und etwa 45 Min. kalt stellen. Backblech mit Backpapier belegen. Backofen vorheizen. Ober-/Unterhitze: etwa 180 °C/ Heißluft: etwa 160 °C

Knetteig:

Die etwas fest gewordene Butter mit einem Mixer (Rührstäbe) geschmeidig rühren. Nach und nach Zucker und Vanillin-Zucker unterrühren und so lange rühren, bis die Masse weißschaumig geworden ist. 2/3 des Mehls in kleinen Portionen unterrühren. Wenn der Teig fester wird, Milch hinzufügen. Das restliche Mehl mit dem Teigbrei zu einem glatten Teig verkneten. Teig in kleinen Mengen auf leicht bemehlter Arbeitsfläche ausrollen, beliebige Motive ausstechen und auf das Backblech legen. Backen.

Backzeit: etwa 10 Min.

Plätzchen mit dem Backpapier vom Backblech ziehen, auf einem Kuchenrost erkalten lassen und dann mit Schleifchen verzieren.

Tipp: Diese Cookies sind zu jeder Jahreszeit ein Hingucker. Die Ausstechförmchen einfach durch Weihnachtsmotive oder im Sommer durch Schmetterlingsförmchen austauschen.

Erdbeer-Vanille-Marmelade

- 2 kg Erdbeeren
- 2 kg Gelierzucker 1:1
- 1 Vanilleschote
- ½ Zitrone

Erdbeeren putzen und entstielen. Früchte vierteln und mit Zucker und dem Zitronensaft in einem Topf erwärmen. Früchte-Zucker-Mischung pürieren, Mark der Vanilleschote und Vanilleschote hinzu geben und nach Packungsanleitung kochen lassen (sprudeln).

Nach vier Minuten eine Gelierprobe nehmen.

Für die Menge ca. 8 Gläser für je 250 ml mit kochendem Wasser ausspülen und mit einem sauberem Handtuch abwischen.

Marmelade heiß in die Gläser füllen, zuschrauben und auf den Kopf stellen für ca. 5-10 Minuten.

Nicht vergessen: Vanilleschote vor dem Abfüllen rausnehmen.

Tipp: Hübsche Gläser sind immer die bekannten „Weck-Gläschen". Darin lässt sich Marmelade immer noch am besten abfüllen. Nach dem Verschließen kann man das Glas mit einer bunten Schleife schmücken.

Homemade Schoko-Crossies

- 250 g Cornflakes
- 50 g Mandelstifte
- 100 g Vollmilchschokolade
- 100 g Zartbitterschokolade

Mandelstifte in einer Pfanne anrösten. Die Schokolade zerkleinern und in einem Wasserbad zum Schmelzen bringen. Die Cornflakes und die Mandeln in eine große Rührschüssel geben. Schokolade zugeben und so gut verrühren bis an allen Cornflakes Schokolade haftet.
Dann auf der Arbeitsplatte Backpapier auslegen und darauf mit einem Teelöffel kleine Cornflakes-Häufchen setzen. Diese ca. 2 Stunden trocknen und in kleine Tütchen verteilen. Mit bunten Schleifchen zubinden.

Zimtmandeln

Für 8 kleine Geschenktütchen:

- 500 g ganze ungeschälte Mandeln
- 600 g Zucker
- 2 TL Zimt
- 4 EL kaltes Wasser

Alle Zutaten in beschichteter Pfanne auf hoher Stufe erhitzen und ohne Rühren ca. 3 Min. karamellisieren lassen. Mandeln zugeben und ebenfalls karamellisieren lassen. Auf Backpapier geben und mit einer Gabel im noch heißen Zustand auseinander ziehen. Die Mandeln sind 2 Monate haltbar, wenn sie luftdicht verschlossen aufbewahrt werden.

Richtig schenken

Wenn man selber Gast ist, steht man oft vor der schwierigen Aufgabe, was man dem Gastgeber als kleine Aufmerksamkeit mitbringt ...

- ★ Generell sollte das Geschenk immer zu der Person passen, und man sollte dabei nicht vergessen, dass es um die Geste geht und nicht darum, dass man den anderen materialistisch bereichert.

- ★ Wenn man dem Gastgeber nicht so nahe steht, ist eine Flasche Wein, eine CD oder ein Buch immer eine gute Idee. Idealerweise erkundigt man sich vorab, welche Interessen der andere hat.

- ★ Wieviel ein Geschenk kosten sollte, kann man nicht pauschal sagen. Es sollte in jedem Fall zum Geldbeutel beider Personen und natürlich zum Anlass passen.

- ★ Jugendlichen darf man übrigens immer Geld schenken. Zu besonderen Anlässen auch Erwachsenen (z.B. zur Hochzeit), wenn es hübsch verpackt ist.

- ★ Wenn einmal ein Geschenk nicht gefällt, sollte man dies für sich behalten - schließlich geht es um die Geste.

Tipp: Wenn man selber Gastgeber ist und eigentlich schon alles hat, kann man prima ein Spendenkonto für einen guten Zweck einrichten lassen oder in der Einladung bereits angeben, dass man keine Geschenke möchte, sondern um eine kleine Spende (z.B. für das örtliche Tierheim oder den Bau eines Spielplatzes etc.) bitten.

*The Welcome
Willkommen zu
Appetizer & Cocktails*

Zur Begrüßung meiner Gäste und zur Auflockerung des Abends reiche ich gerne einen kleinen Aperitif zu Beginn im Stehen. So können sich die Gäste untereinander schon ein wenig unterhalten, bis auch die letzten eingetrudelt sind.

Während des Begrüßungscocktails habe ich noch Zeit, die letzten Vorbereitungen zu treffen, und die Gäste können miteinander Smalltalken bzw. sich unkompliziert miteinander bekannt machen.

Als kleiner Snack zum Drink sind immer ein paar Schälchen mit Oliven beliebt oder ich wickele Bacon um Datteln und backe diese für 15 Minuten bei 170 °C im Ofen. Diese können auf Zahnstocher gespießt prima auch im Stehen gegessen werden.

Kleine Info: Alle Rezepte in diesem Buch sind übrigens immer für 8 Personen berechnet. Diese Anzahl Gäste zu bekochen, finde ich sehr angenehm. Für acht Leute hat man meistens noch genügend Sitzgelegenheiten und sicher auch ausreichend Geschirr zur Hand. Die Mengenangaben können Sie bei mehr oder weniger Gästen problemlos verkleinern oder vergrößern.

Im Uhrzeigersinn:

Lavendel-Champagner

- ½ Tasse Zucker
- 3 Lavendelzweige
- 1 Flasche Champagner
- Lavendelblüten zur Dekoration

Den Zucker mit einer halben Tasse Wasser und den Lavendelzweigen aufkochen bis ein Sirup entsteht. Zweige entfernen und Sirup abkühlen lassen. Etwas in jedes Champagnerglas füllen, Champagner auffüllen und mit Lavendelblüten dekorieren.

Lillet Rose Cocktail

- 16 cl Lillet Rose
- 16 cl Grapefruit-Lemonade
- 8 cl Gin
- essbare Blüten zur Dekoration

Alles vermischen und in eine gekühlte Champagnerschale füllen.

Aprikosen-Rosmarin-Mimosa

- 100 g Zucker
- 2 Rosmarinzweige
- 120 ml Wasser
- 3 frische Aprikosen, halbiert
- Prosecco

Zucker, Wasser und Rosmarin in einem Topf kochen bis ein dickflüssiger Sirup daraus wird. Rosmarinzweige entfernen. Aprikosen hinzufügen, die Masse pürieren und im Kühlschrank kalt stellen. Das Püree in 8 Sektgläser geben und mit Prosecco auffüllen.

Original Limonade (ohne Alkohol)

- 200 ml frisch gepresster Zitronensaft
- 50 g Zucker
- 800 ml Wasser
- 1 Zitrone in Scheiben
- 1 Limette in Scheiben
- etwas Minze
- Eiswürfel

Alles in einen großen Bowletopf geben. Prima geeignet, wenn auch Kinder unter den Gästen sind.

Mint Julep (mein persönlicher Tipp)

- 1 TL Zucker
- 1 TL Wasser
- 8 frische Minzeblätter, sowie Minze zur Deko
- Crushed Ice
- 6 cl Bourbon Whiskey

Zucker und Minze und Bourbon im Glas vermengen. Mit Crushed Ice auffüllen. Mit Minze dekorieren. Bestenfalls serviert man den Julep ganz traditionell in einem Silber- oder Zinnbecher. Man kann natürlich auch ein einfaches Whiskeyglas verwenden.

Classic Dinner

Zum klassischen Dinner kann man das ganze Jahr über einladen.
Hier habe ich kein besonderes Thema aufgenommen, sodass es in jede
Jahreszeit passt. Die Zutaten aller Gerichte sind ebenfalls nicht an Jahreszeiten
gebunden, man bekommt sie das ganze Jahr über auf dem Markt oder
im Supermarkt. Zunächst habe ich hier zwei Suppen zur Auswahl zubereitet,
dann eine Quiche als möglichen Zwischengang sowie zwei Hauptspeisen und
zwei Desserts. Diese können Sie, wie bei allen folgen Dinner-Themen auch, frei
miteinander kombinieren.

Bei der Tischdekoration verlasse ich mich gerne auf Kerzenschein, dieser taucht
alles in ein warmes, freundliches und gemütliches Licht. Gerne stelle ich verschiedene
Teelichter auf und dazu dekoriere ich Blumen aus meinem Garten - je nach Saison
Hortensien, Rosen oder Dahlien.

Tipp: Auch hübsch sind Teelichter aus Glas (z.B. von Ikea), die man dann in Butterbrottüten stellt. Das gibt ein schönes Licht, ist ein hübsches Dekoelement und dazu noch sehr kostengünstig.

Curry-Carrot-Soup

eine leckere Curry-Möhren-Suppe, die Abwechslung bietet ...

- 100 g Butter
- 2 klein gehackte Zwiebeln
- 2 EL Currypulver
- 1 l Geflügelbrühe
- 1 kg Möhren, geschält und klein geschnitten
- 2 EL Zitronensaft
- 2 EL Zucker
- Salz und Pfeffer
- gehackte Petersilie und feine Möhrenstreifen zur Dekoration

Butter in einem großen Topf erhitzen. Zwiebeln und Möhren darin andünsten. Brühe hinzugeben und die Suppe ca. 20 Minuten köcheln lassen, bis die Möhren weich sind. Dann alles mit dem Pürierstab pürieren und Currypulver, Zucker und Zitronensaft zugeben. Alles mit Salz und Pfeffer abschmecken. Mit der Petersilie und den Möhrenstreifen auf einem Teller servieren.

Kartoffel-Suppe mit Streifen vom Räucherlachs

- 1 kg Kartoffeln geschält und in kleine Stücke geschnitten
- 1 Stange Lauch
- 1 EL Olivenöl
- 1 l Geflügel- oder Gemüsebrühe
- ¼ l Milch
- 200 ml Sahne
- ½ ausgepresste Zitrone
- Salz & Pfeffer
- 200 g Räucherlachs, in Streifen geschnitten

Kartoffeln und Lauch im Öl kurz in einem großen Topf anschwitzen. Brühe dazugeben und ca. 15 Minuten köcheln lassen bis die Kartoffeln weich werden. Suppe mit dem Pürierstab fein pürieren. Milch, Sahne und Zitronensaft hinzugeben. Alles erneut kurz aufkochen und mit Salz und Pfeffer abschmecken. Mit den Lachsstreifen auf einem Teller anrichten.

Feigen-Ziegenkäse-Quiche

- Eine Rolle fertigen Mürbeteig (z.B. von Tante Fanny, im Kühlregal)
- 150 g Ziegenfrischkäse
- 4-5 Feigen
- 1 Becher Crème Fraiche
- 3 Eier Gr. M
- 1 EL gehackter Schnittlauch
- 100 g fein gehobelter Parmesan
- Salz & Pfeffer
- etwas Rucola mit Olivenöl zur Dekoration

Den Mürbeteig auspacken und in eine 26er Springform drücken, sodass an den Seiten noch ein kleiner Rand steht. Darauf den Ziegenfrischkäse verteilen.
Die Feigen in Schiffchen aufschneiden und auf dem Frischkäse verteilen.
Crème Fraiche, Eier, Parmesan und Schnittlauch verrühren und kräftig mit Salz und Pfeffer würzen.
Bei 180 °C im Ofen ca. 25 Minuten goldbraun backen.
Kurz auskühlen lassen, aus der Springform nehmen und portionieren.
Auf Tellern lauwarm anrichten.

Hähnchen in Estragonsauce

Duftender Estragon mit einer leichten Weissweinnote

- 8 Stücke Hähnchenbrust, je etwa 175g
- 12 g Butter
- 6 EL Estragonessig
- 1/2 Liter trockener Weißwein
- 500 ml Hühnerbrühe
- 8 frische Estragonzweige
- 600 g Creme Fraiche
- 6 EL gehackter Estragon

Fleisch salzen und pfeffern, dann in der Pfanne mit Butter anbraten bis es goldbraun ist. Fleisch entnehmen. Bratfett mit Wein, Essig, Brühe und dem gehackten Estragon aufkochen. Flüssigkeit 10 Minuten einreduzieren lassen. Creme Fraiche dazugeben. Sauce mit Salz und Pfeffer abschmecken.
Hähnchen wieder dazugeben und fünf Minuten auf kleiner Flamme köcheln lassen. Dazu passen hervorragend frische Bandnudeln.

Schweine- oder Rinderfilet im Speckmantel

- 1 kg Schweine- oder Rinderfilet, küchenfertig
- 4 EL Meerrettich
- 1 EL Senf
- 12 -15 Scheiben Bacon, je nach Filetlänge

Den Backofen auf 160 °C (für Rind auf 190 °C) vorheizen. Fleisch mit Meerrettich und Senf einreiben und mit Bacon umwickeln. Dann das Fleisch auf ein mit Backpapier belegtes Blech legen und im Ofen ca. 35 Minuten (medium) garen. Herausnehmen und in dicke Scheiben schneiden. Dazu schmecken besonders gut grüne Bohnen, ebenfalls in Bacon gewickelt, hervorragend. Als weitere Beilage reiche ich Ofenkartoffeln: 1 kg Kartoffeln waschen, in Schiffchen schneiden und auf ein Backblech legen. Mit Olivenöl beträufeln und mit Meersalz bestreuen.
Vier Rosmarinzweige mit aufs Blech legen und bei 150 °C ca. 25 Minuten goldbraun backen.

Crème brûlée

- 500 ml Milch
- 500 ml Sahne
- 2 Vanilleschoten (längs aufgeschnitten)
- 8 Eigelbe
- 80 g Zucker (nach Geschmack etwas mehr oder weniger verwenden)
- 120 g braunen Zucker zum Karamellisieren

Milch und Vanilleschoten in einem Topf kurz aufkochen, von der Herdplatte nehmen und ca. 10 Minuten im geschlossenen Topf ziehen lassen. Die Sahne dazugießen und alles zusammen nochmals bis zum Siedepunkt erhitzen.
Den Backofen auf 120 °C vorheizen. Jetzt die Eigelbe mit dem Zucker cremig schlagen und die Vanillesahne unterrühren. Die Creme anschließend in sechs Förmchen füllen und ca. 25 Minuten im Ofen stocken lassen,
bis sich eine Haut gebildet hat. Die Haut soll dabei nicht braun werden. Die Creme abkühlen lassen und dann mindestens zwei weitere Stunden im Kühlschrank kalt stellen. Zum Karamellisieren die Vanillecreme mit braunem Zucker bestreuen und möglichst dicht unter den Grill stellen. Sobald der Zucker sich in eine schöne, braune Karamellkruste verwandelt hat, die Förmchen aus dem Ofen nehmen und sofort servieren.

Schokotraum mit flüssigem Kern

- 240 g Butter
- 240 g Schokolade (Vollmilch oder Zartbitter, je nach Geschmack)
- 8 Eier
- 300 g Zucker
- 140 g Mehl
- 50 g Kakaopulver

Butter und Schokolade über Wasserdampf verflüssigen.
Anschließend mit den Eiern und Kristallzucker aufschlagen und zum Schluss Mehl und Kakaopulver zufügen. In eine gefettete Tasse füllen und bei 210 °C
ca. 5-7 Minuten backen. Warm servieren.

Happy Easter

Ostern ist für mich der ideale festliche Anlass für einen Brunch. In Gütersloh, wo ich lebe, ist es üblich, dass man abends ein Osterfeuer besucht.
In unserer Gegend finden diese bei fast jedem Bauern auf deren Feld statt. Dort trifft man sich mit der Familie und Freunden und brennt gemeinsam ein Feuer nieder, für das schon Wochen im Voraus Äste und Gestrüpp zusammengetragen werden.

Somit ist der Abend bereits verplant, und ein Brunch am nächsten Vormittag mit Freunden und der Familie passt wunderbar. Man sitzt gemütlich beisammen, alle Speisen werden auf den Tisch gestellt und jeder bedient sich selber.

Zu dieser Gelegenheit decke ich den Tisch gerne richtig bunt ein …
Bunte Tassen, bunte Servierten und als Highlight über dem Tisch ein paar bunte Pompons. Und ich färbe Eier bunt, die ich als Deko auf dem Tisch verteile, und die natürlich während des Brunches gerne gegessen werden dürfen.

Eine Dekoration mit Hasen und Hühnern brauche ich zu Ostern nicht unbedingt, wir haben ja schon einen Hasen im Haus: mein Zwergkaninchen Moritz.
Bunt muss die Deko aber auf jeden Fall sein.

Tipp: Die bunten Pompons sind schnell selber gebastelt. Eine Bastelanleitung finden Sie auf meinem Blog unter:
www.silvies-little-things.blogspot.de

Original American Pancakes

300 g Mehl
2 EL Zucker
2 TL Backpulver
1/2 TL Salz
4 Eier
500 ml Milch
6 EL Öl
Ahornsirup

Die trockenen Zutaten in einer Schüssel vermischen. Die restlichen Zutaten verschlagen und gründlich mit der Mehlmischung verrühren. In einer Pfanne von beiden Seiten goldbraun backen. Dabei Pfanne nur sehr wenig fetten und eher langsam braten. Mit Ahornsirup servieren.

Kräuter-Rührei

400 g kleine Zucchini
6 Stiele Thymian
1 Bund Basilikum
12 Eier
150 g Parmesan, gerieben
12 El Milch
Salz
Pfeffer aus der Mühle
2 El Butter
150 g Parmaschinken in dünnen Scheiben

Zucchini putzen, waschen, trocknen und in dünne Scheiben schneiden. Thymian und Basilikum kurz abbrausen, trocken schütteln. Blättchen von den Stielen zupfen. Basilikumblättchen fein schneiden. Eier mit Parmesan, Milch, Salz und Pfeffer verquirlen. Butter in einer beschichteten Pfanne erhitzen. Zucchini und Thymian darin ca. 3 Minuten braten, mit Salz und Pfeffer würzen. Rühreimasse zugeben. Alles bei mittlerer Hitze stocken lassen. Dabei die Masse ab und zu mit einem Pfannenwender an den Rand schieben. Parmaschinken nach Belieben in kleine Stücke zupfen. Basilikum und Parmaschinken über dem Rührei verteilen, noch mal kurz unterrühren und sofort servieren.

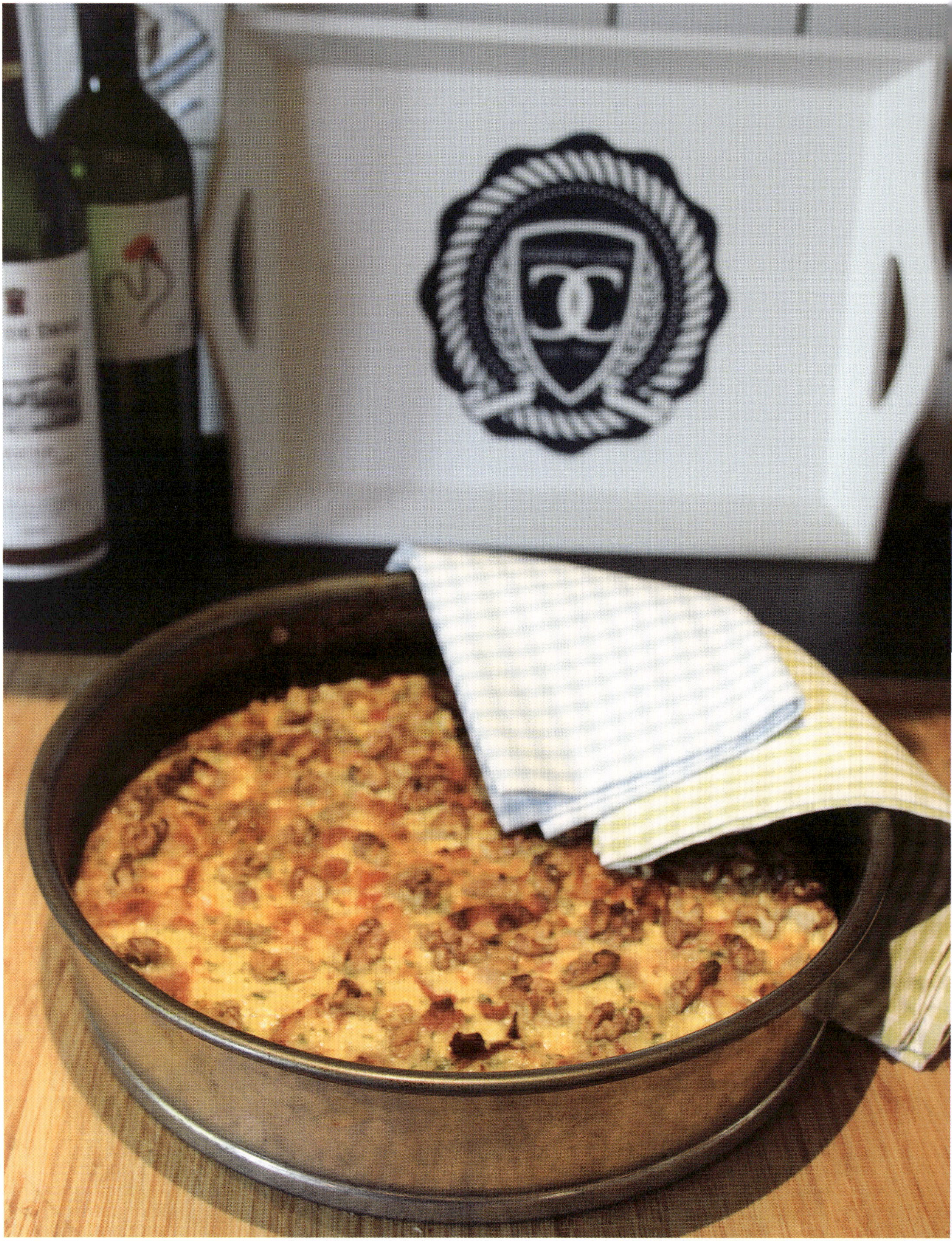

Walnuss-Bacon-Quiche

- 1 Packung Mürbeteig, z.B. von Tante Fanny
- 10 Scheiben Bacon
- 1 Zwiebel
- 1 Tasse grob gehackte Walnüsse
- 1 Becher Crème Fraiche
- 3 Eier
- 2 EL gehackter Thymian
- Salz
- frisch gemahlener Pfeffer

Den Mürbeteig in einer 26er Springform so auslegen, dass einer kleiner Teigrand an dem Rand der Springform stehen bleibt.
Zwiebel hacken und anbraten.
Crème Fraiche, Zwiebel, Walnüsse, Thymian, Eier, Salz und Pfeffer vermischen.
Mischung in die Springform geben und die Baconstreifen in die Masse legen.
Die Quiche bei 160 °C ca. 45 Minuten backen.

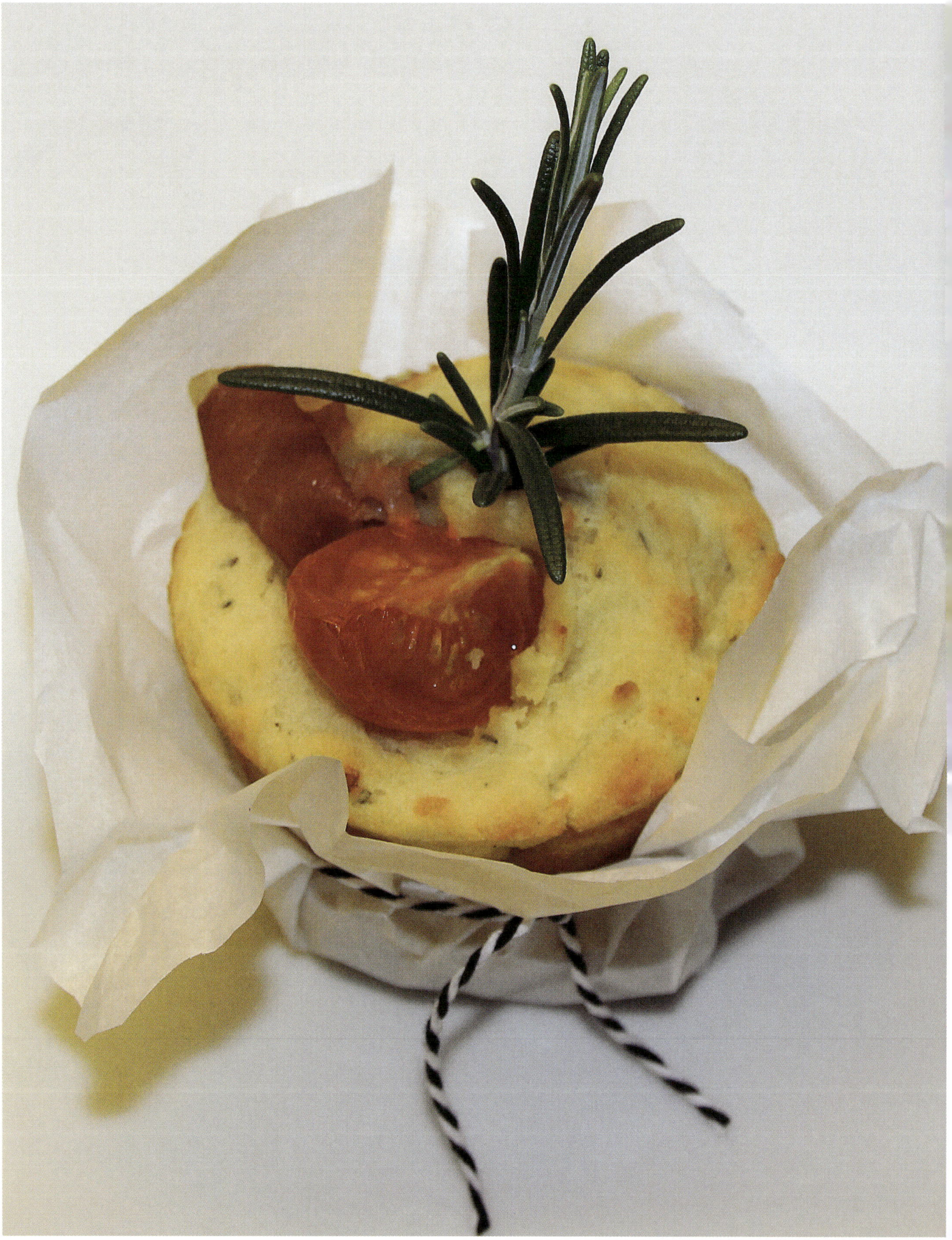

Tomato-Muffins
mit Parmaschinken und Tomatenfüllung

Für 12 Stück

- 4 Zweige Rosmarin
- 10 Stiele Thymian
- 350 g Kirschtomaten
- 75 g Parmesan
- 12 dünne Scheiben Parmaschinken (ca. 120 g)
- 80 ml Olivenöl
- 250 g Magerquark
- 75 ml Milch
- 2 Eier
- 300 g Mehl
- 1 TL Backpulver
- Fett für die Muffinform
- Butterbrotpapier und Bindfaden zur Dekoration

Rosmarinnadeln und Thymianblätter abzupfen und klein hacken.
Hälfte der Tomaten halbieren. Parmesan reiben.
Schinkenscheiben längs halbieren.
Olivenöl, Quark, Eier, Milch, Mehl, Backpulver zu einem Teig rühren, Kräuter und Parmesan unterheben. Den Teig kräftig mit Salz und Pfeffer abschmecken.
Muffinform mit Fett ausstreichen. Hälfte des Teigs in die Mulden füllen.
Die gehackten Tomaten und jeweils einen Schinkenstreifen in die Förmchen legen.
Den restlichen Teil auffüllen. Auf dem Teig einen aufgerollten Streifen Schinken und Tomaten dekorativ verteilen.
Auf mittlerer Schiene bei 200 °C (Umluft 180 °C) 25 Minuten backen.
In Butterbrotpapier einwickeln und mit Bindfaden verzieren.

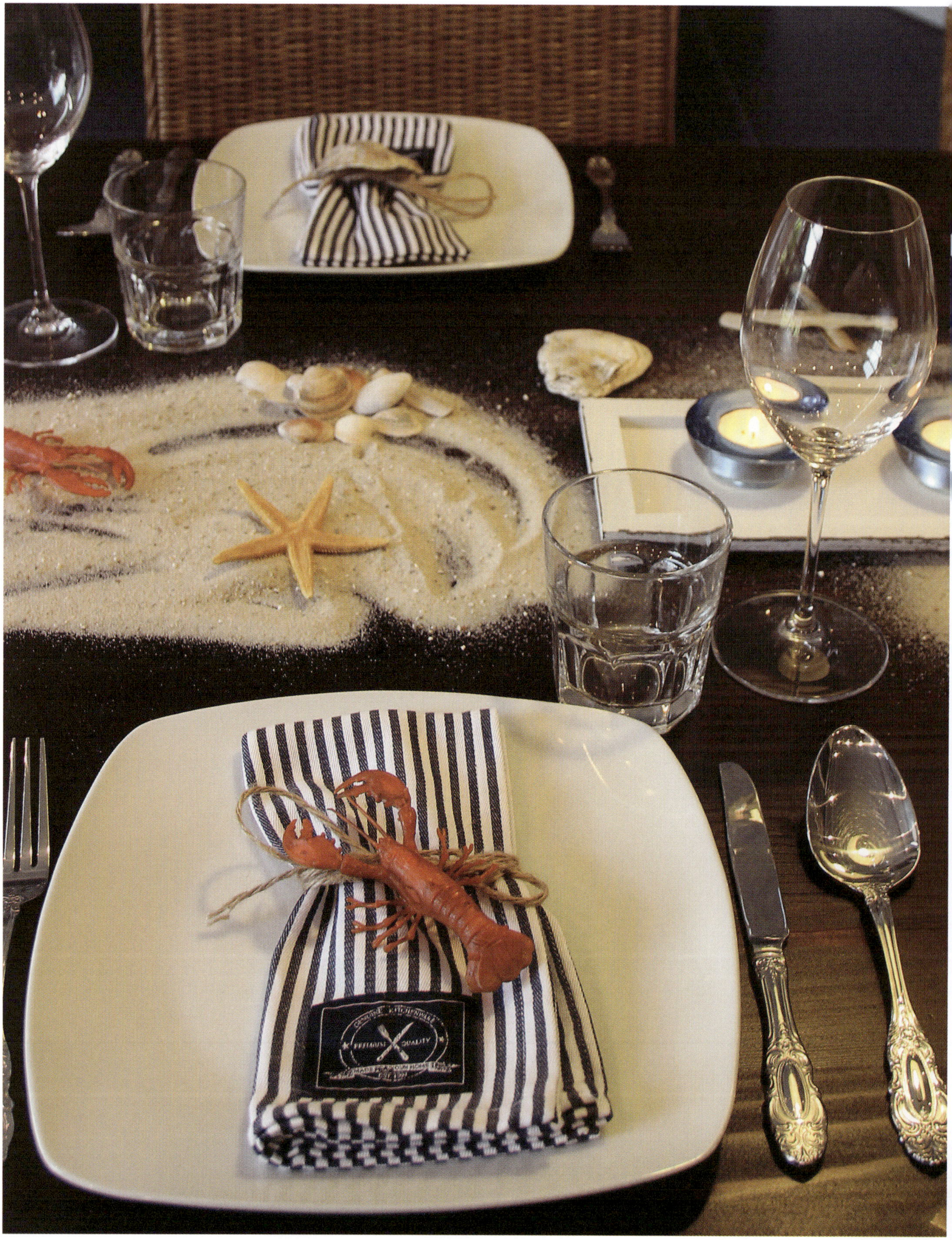

Summer's Eve Dinner

Laue Sommernächte genießt man doch am besten mit Freunden.
Dann koche ich gerne leichtere Gerichte, bei denen man nicht allzu lange
in der Küche schwitzen muss. Eine geeiste Suppe ist angenehm an heißen Tagen und
ein schönes Fischgericht oder Geflügel sind immer die richtige Wahl.
Zu diesem Anlass dekoriere ich gerne den Tisch im maritimen Ambiente.
Während meiner Strandspaziergänge in Sommerurlauben auf Sylt sammele ich
allerlei Strandgut, wie z.B. Steine und Muscheln. Mit dieser Deko bekommt
der Tisch ein sommerliches Flair und vermittelt das Gefühl, das Meer könnte
nicht allzu weit entfernt sein.
Mein Favorit bei der Nachspeisenwahl ist eine klassische Panna Cotta.
Dafür mache ich eine fruchtige Himbeersauce und dekoriere mit frischen Himbeeren.
Diese Nachspeise kommt immer gut an und trifft eigentlich jeden Geschmack.
Den Aperitif reiche ich gerne auf der Terrasse.

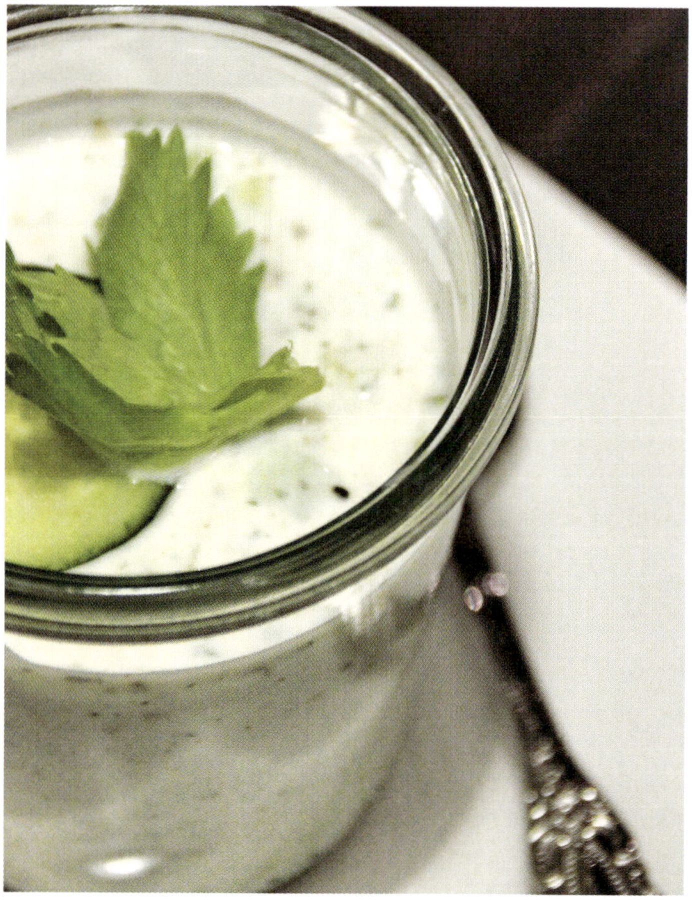
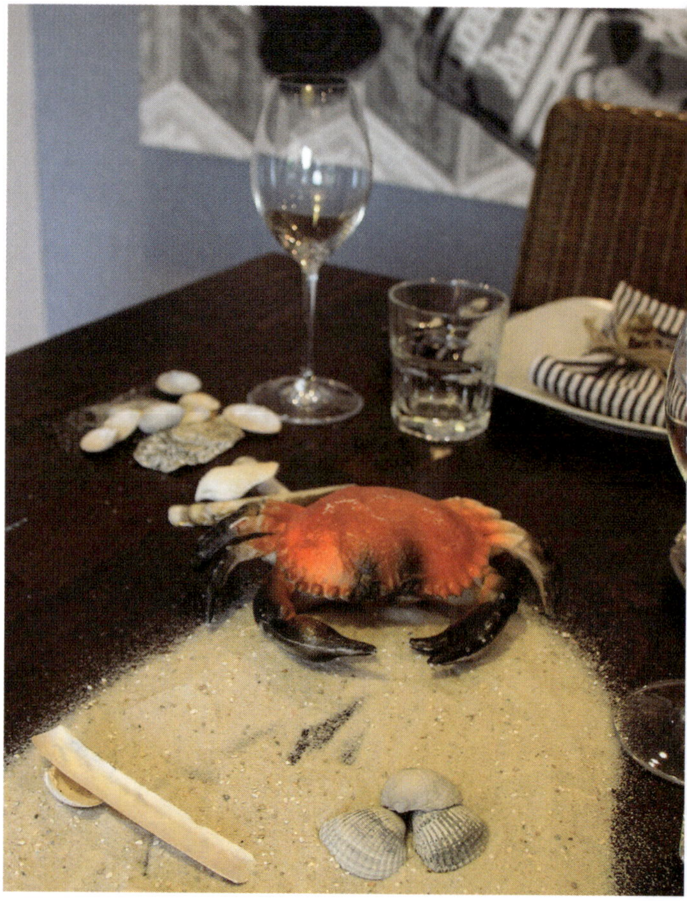
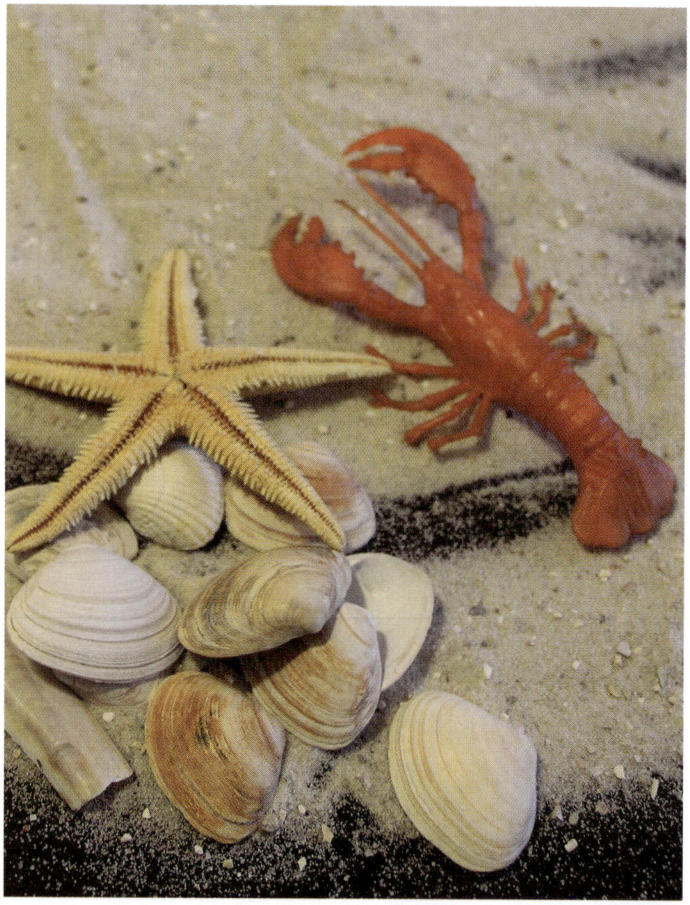
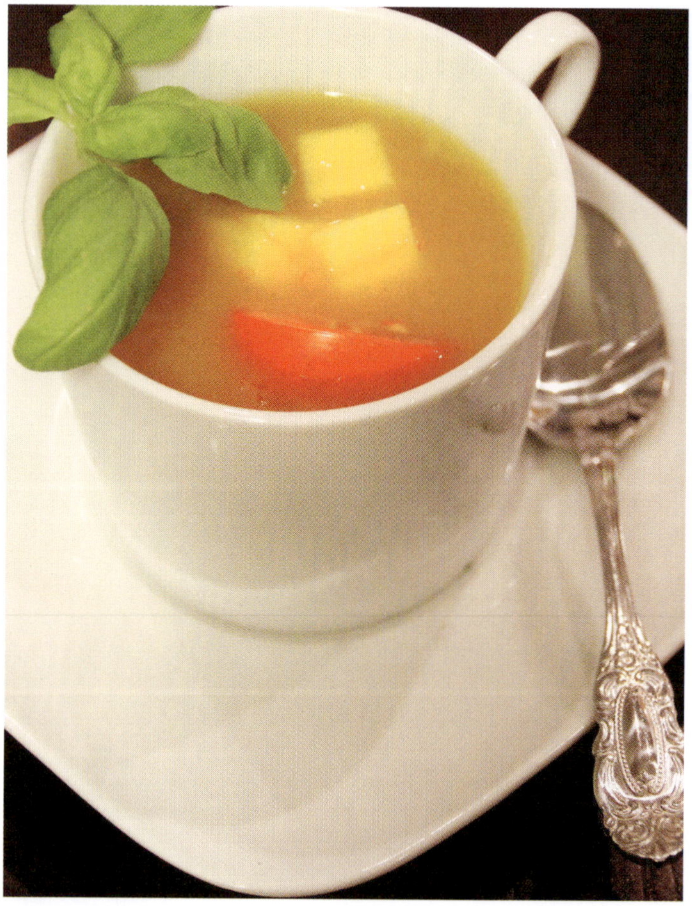

Kalte Buttermilch-Gurken-Suppe

1 kg kalte Salatgurke
300 g kalter Schmand
1 l kalte Buttermilch
Salz und Pfeffer
1 Prise Zucker
4 EL Zitronensaft
1 Bund Dill

Die Salatgurke schälen, längs halbieren und entkernen. 300 g Gurke in kleine Würfel schneiden und beiseitestellen. Die restliche Gurke in grobe Stücke schneiden und in einem Mixer (oder mit dem Pürierstab) pürieren. Schmand und kalte Buttermilch zugeben und alles noch einmal fein pürieren. Gurkensuppe mit Salz, Pfeffer, Zucker und Zitronensaft würzen. Den Dill abzupfen und hacken. Die Hälfte des Dills unter die Gurkensuppe mischen. Restlichen Dill mit den Gurkenwürfeln mischen, in ein verschließbares Glas füllen und kalt stellen. Zum Servieren kalte Gurkensuppe in Gläser füllen und mit Gurkenwürfeln bestreuen.

Tomaten-Mango-Suppe

1 kg Möhren
8 Zwiebeln
50 g frischer Ingwer
4 EL Olivenöl
1,5 L Gemüsebrühe
1,5 L Tomatensaft
Salz
Pfeffer
1 kg Mangofruchtfleisch

Möhren schälen und schräg in sehr feine Scheiben schneiden. Zwiebeln und Ingwer fein hacken und in Olivenöl bei mittlerer Hitze glasig dünsten. Gemüsebrühe und Tomatensaft zugeben, mit Salz und Pfeffer abschmecken. Suppe aufkochen, Möhren zugeben und bei kleiner Hitze 5-6 Minuten zugedeckt kochen. Mangofruchtfleisch würfeln. Zur Dekoration ein paar Würfel beiseitestellen. Mit 3-4 EL Suppenflüssigkeit pürieren. Mangopüree zur Suppe geben, kurz erwärmen und die Suppe erneut mit Salz und Pfeffer abschmecken. Mit Mangowürfeln auf Tellern servieren.

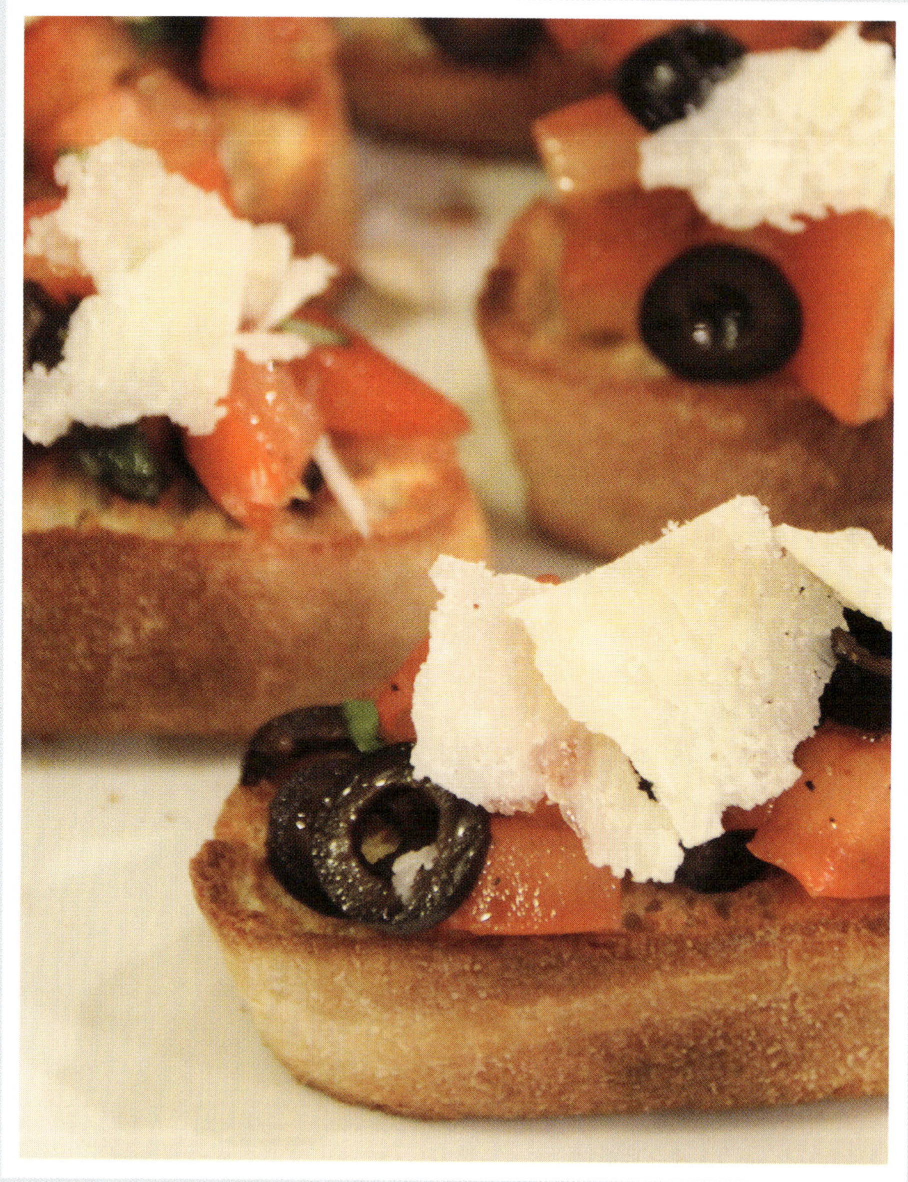

Leckere Tomaten Bruschetta

- 8 Scheiben Holzofenbrot
- 1 kg halbierte Cherrytomaten
- Olivenöl
- Salz und Pfeffer
- ½ Bund grob gehacktes Basilikum
- 100 g schwarze Oliven, entsteint
- 8 Scheiben Parmaschinken
- grob gehobelter Parmesan
- 50 ml Olivenöl
- 2 EL Rotweinessig

Tomaten auf ein Backblech legen und mit Olivenöl beträufeln.
Kräftig salzen und pfeffern. Bei 180 °C die Tomaten im Backofen backen, bis diese weich werden und leicht antrocknen.
Das Brot mit Öl bepinseln und ebenfalls im Backofen mit der Grillfunktion rösten.
Tomaten mit dem Basilikum, Oliven und Parmaschinken mischen und auf den Brotscheiben verteilen.
Mit gehobeltem Parmesan bestreuen. Olivenöl und Essig zu einem Dressing mischen und über das Brot träufeln.

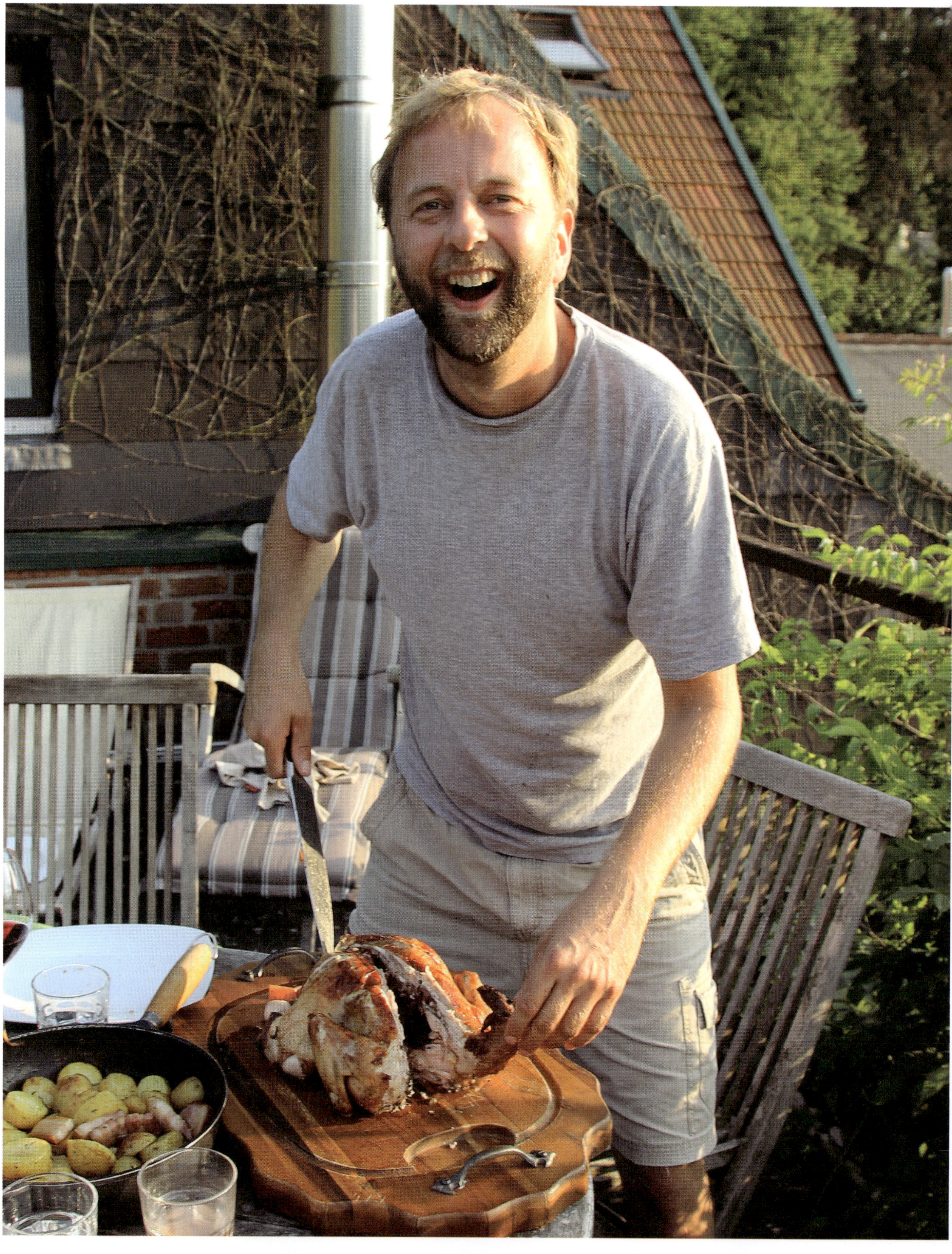

Coq au Vin

- 2-3 ganze Hühnchen – insgesamt ca. 3 kg
- Salz und Pfeffer
- 4 EL Mehl
- 150 g Butter
- 2 EL Olivenöl
- 300 g Speckstreifen
- 15 Schalotten, geschält
- 4 Möhren
- 150 g Champignons
- 250 ml Weinbrand
- 2 große, gehackte Knoblauchzehen
- 1 Bund gemischte Kräuter
- 3 EL Tomatenmark
- 1 EL Zucker
- 1 Flasche trockener Rotwein

Das Mehl mit Salz und Pfeffer würzen und mit den Hähnchen in einen großen Plastikbeutel (ein Müllbeutel eignet sich sehr gut) geben. So lange schütteln, bis die Hähnchen mit einer leichten Mehlschicht überzogen ist. Butter und Öl in einem Bräter zerlassen, Speck hinzugeben. Geflügel zugeben und von allen Seiten knusprig anbraten. Fleisch zunächst beiseite stellen. Schalotten, Möhren und Champignons in den Bräter geben und mit Knoblauch anbraten. Fleisch wieder dazugeben. Weinbrand in einem Topf erhitzen, vorsichtig anzünden und über das Fleisch und Gemüse geben. Restliche Zutaten und den Wein zugeben. Den Bräter abdecken und das Geflügel (je nach Größe der Hühner) ca. 45-60 Minuten schmoren. Das Fleisch ist gar, wenn an der dicksten Stelle klarer Bratensaft (ohne Blut) austritt, wenn man mit einem Spieß hinein sticht. Dazu serviere ich Rosmarinkartoffeln. Einfach mit Schale gekochte Kartoffeln in Stücke schneiden und in einer Pfanne mit Öl und Speck anbraten. Etwas frischen gehackten Rosmarin hinzugeben, salzen und pfeffern. Fertig.
Schmeckt prima zu der Rotweinsauce …

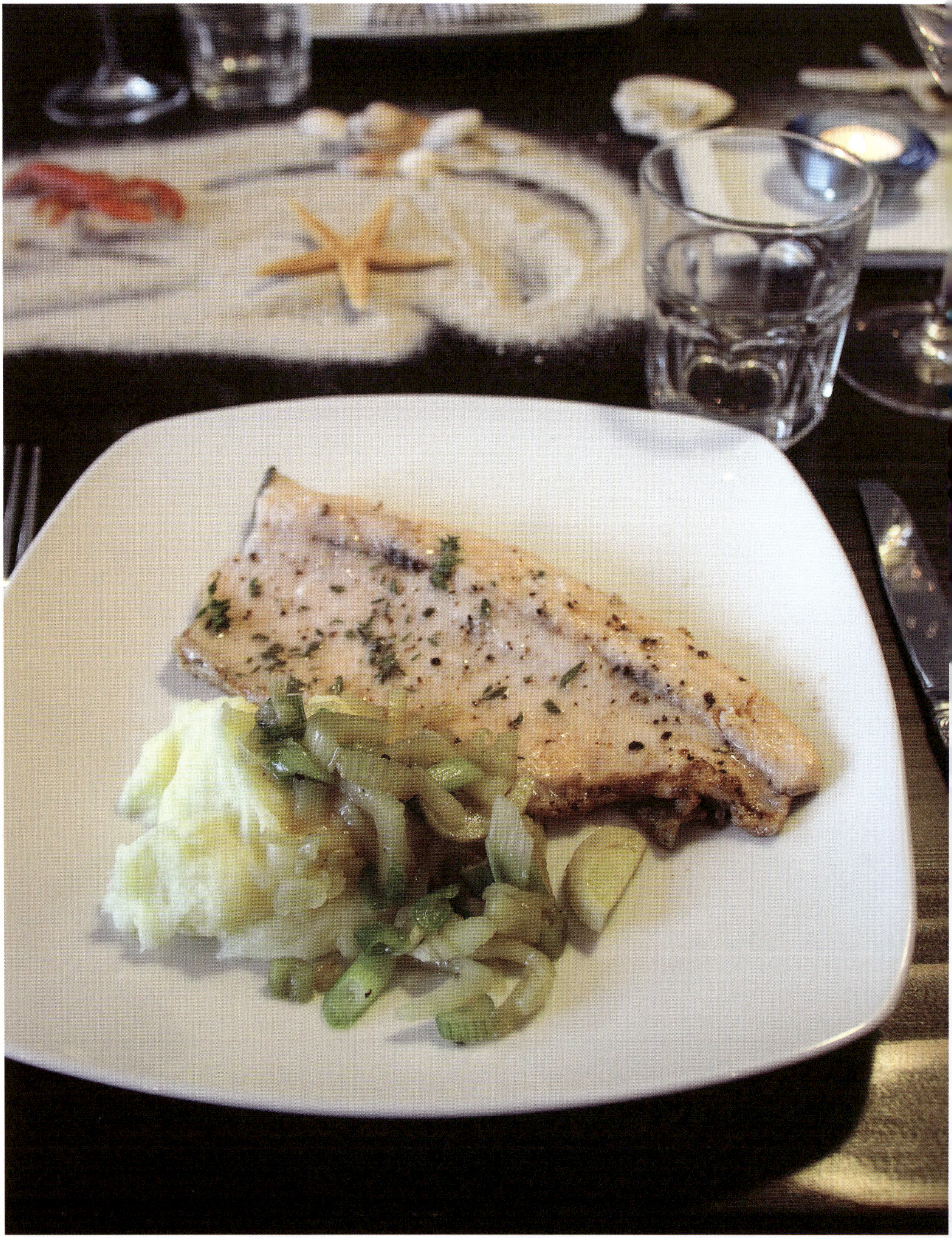

Regenbogenforelle mit Fenchel und frischem Kartoffelpüree

- 8 Filets von der Regenbogenforelle mit Haut
- 1 kg Fenchel
- 1 Bund Frühlingszwiebeln
- 125 ml Pernod
- 1,5 kg Kartoffeln
- 1 Becher Sahne
- ½ Liter Milch
- Muskatnuss
- 3 Thymianzweige
- Salz und Pfeffer
- 80g Butter
- Olivenöl
- Zucker
- ½ Zitrone

Zunächst die Forelle von restlichen Gräten befreien.
Fenchel und Frühlingszwiebeln waschen und klein schneiden.
Kartoffeln schälen und in einem großen Topf weich kochen.
Fenchel in einer Pfanne mit Olivenöl anbraten und Frühlingszwiebeln dazugeben.
Mit dem Pernod ablöschen und köcheln lassen, bis der Fenchel weich ist.
Mit Salz, Pfeffer und Zucker abschmecken.
Kartoffeln mit der Butter und Sahne mit dem Handrührgerät oder Pürierstab
pürieren und langsam Milch nachgeben, bis die passende Konsistenz
von einem cremigen Püree erreicht ist. Mit Salz und Muskatnuss abschmecken.
Den Fisch auf der Hautseite in Olivenöl mit den Thymianzweigen anbraten.
Mit Salz, Pfeffer und einem Spritzer Zitrone würzen.
Den Fisch ca. 7 Minuten in der Pfanne braten, bis der Fisch eben durch,
aber das Fleisch noch nicht trocken ist.
Alles hübsch auf Tellern anrichten.

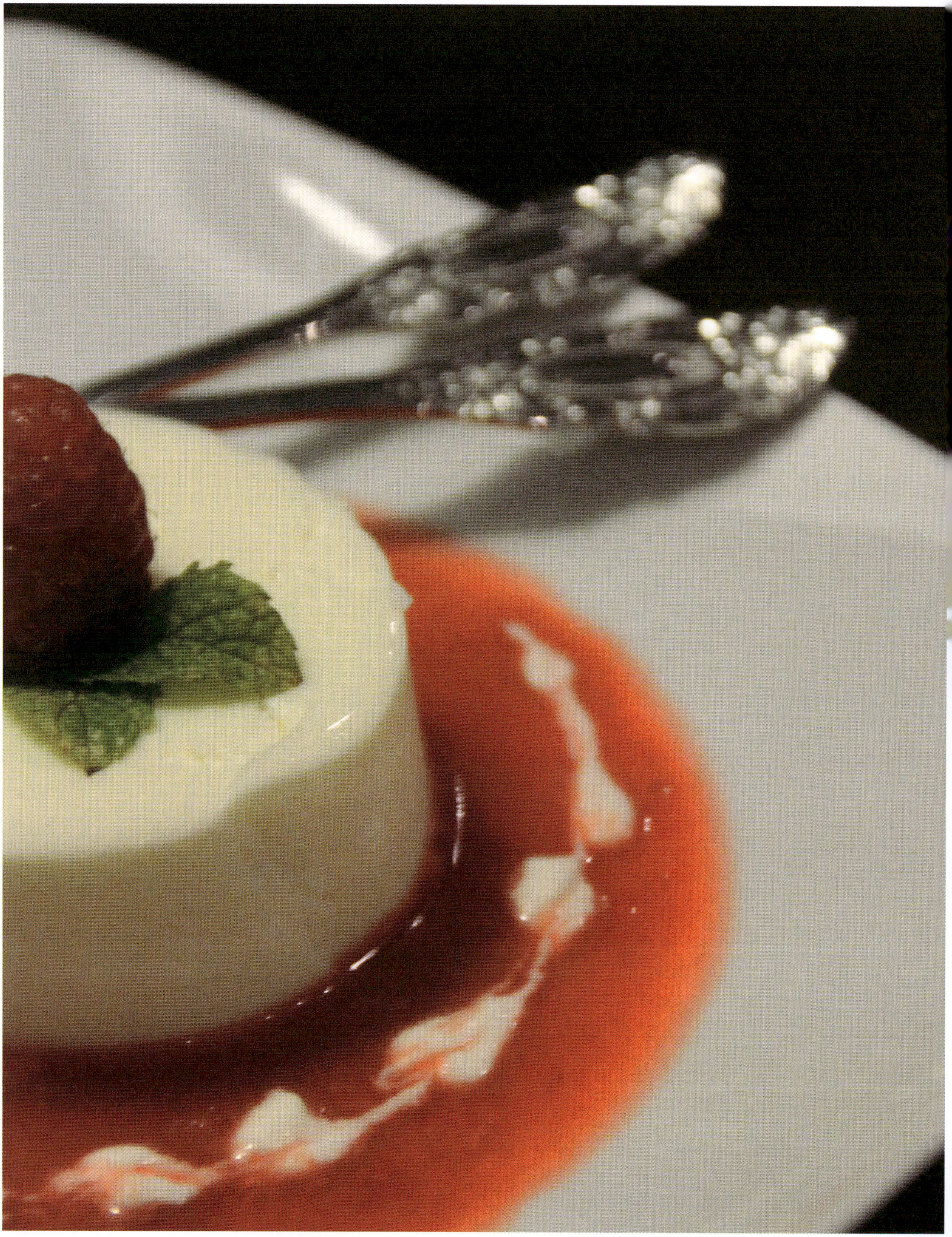

Panna Cotta

- 2 Vanilleschoten
- 1 l Sahne
- 8 EL Zucker
- 8 Blatt weiße Gelantine
- 250 g Himbeeren
- 3 EL Zucker
- 1 EL Amaretto
- Minzblätter zur Dekoration

Vanilleschoten längs aufschneiden und Vanillemark herauskratzen.
Zusammen mit Sahne und 8 EL Zucker aufkochen.
Gelatine in Wasser einweichen, auswringen und zu der Sahne geben.
Immer wieder rühren, bis sich die Gelatine in der Sahne gänzlich aufgelöst hat.
Die Sahne dann in kleine Schälchen geben und mindestens 4 Stunden im Kühlschrank kalt stellen.
8 Himbeeren zur Dekoration beiseite stellen. Die restlichen Himbeeren pürieren und durch ein Sieb streichen, damit die Kerne ausgesiebt werden.
Püree mit Zucker und Amaretto vermischen.
Die Förmchen ganz kurz in heißes Wasser tauchen, damit sich der Inhalt besser löst.
Dann vorsichtig mit einem Messer zwischen der Panna Cotta und dem Förmchen am Rand herziehen, die Panna Cotta auf Teller stülpen und mit der Himbeersauce, Himbeere und Minze verzieren.

Tipp: Für das Herzchenmuster. Kleine Sahnetropfen auf die Himbeersauce geben und dann mit einem Zahnstocher eine Linie durch die Sahnetropfen ziehen. So entsteht ein Herzmuster.

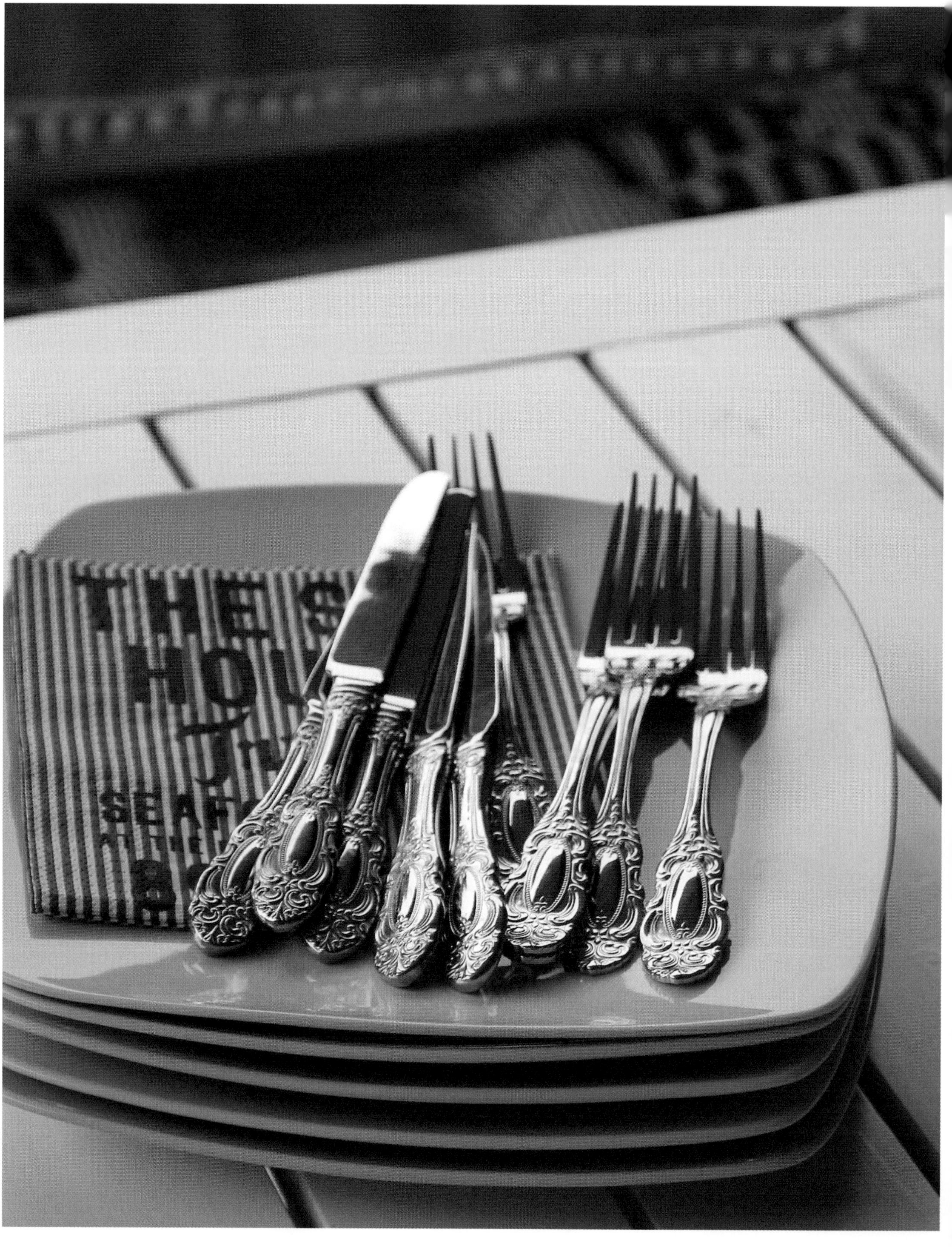

Big BBQ

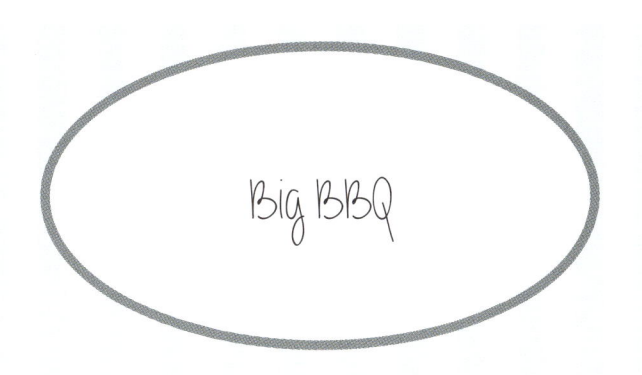

Sommer, Sonne, 25 Grad … da gibt es wohl nichts was man an einem
Samstagabend oder Sonntagnachmittag Besseres tun könnte,
als den Grill anzuschmeißen.
Solche BBQ-Partys sind bei uns immer ganz lässig und leger.
Jeder kommt in Sommerkleidung, im Gepäck das Badezeug, und während die
Männer den Grill anfeuern, toben die Kinder schon im Pool.
Für eine BBQ-Party braucht es auch keine großartige Deko. Teller und Besteck werden
einfach auf den Tisch gestellt, die Salate stehen in der Küche und jeder bedient sich
ganz ungezwungen selber.

Watermelon-Orange-Salad

- ½ Wassermelone, entkernt, ohne Schale in kleine Stücke geschnitten
- 3 Orangen, filetiert
- 2 rote Zwiebeln
- ½ Bund glatte Petersilie
- 300 g Feta
- 6 EL Olivenöl

Zwiebeln in Ringe schneiden, mit den filetierten Orangen und den Melonenstücken vermengen. Petersilie grob hacken und zum Salat hinzugeben. Alles mit Olivenöl beträufeln, mit Salz und Pfeffer abschmecken und in eine flache Form geben. Feta über dem Salat zerrupfen.

Tomaten-Brot-Salat

- 8 Brotscheiben (am besten Ciabatta)
- 10 Strauchtomaten
- 200g Rucola
- 2 Päckchen Mozzarella, zerrupft
- 4 EL schwarze Oliven
- ½ Bund Basilikum
- 6 EL Olivenöl
- 4 EL Balsamicoessig

Brot 10 Minuten im Ofen knusprig rösten und dann in grobe Stücke scheiden. Tomaten ebenfalls in Scheiben schneiden. Rucola waschen.
Basilikum grob schneiden. Schwarze Oliven fein hacken.
Alle Zutaten in eine Schüssel geben. Mit Öl und Essig beträufeln und zuletzt den zerrupften Mozzarella drüberstreuen. Salzen und pfeffern.

BBQ-Sauce

- 250 ml Ketschup
- 3 EL brauner Zucker
- 1 EL Weissweinessig
- 1 EL Worcestersauce
- 2 TL Paprikapulver
- ¼ TL Chilipulver (optional)

Alles mischen. Fertig. Gegebenfalls kurz erwärmen, damit der Zucker sich auflöst.

Tomaten-Paprika-Relish

- 5 Tomaten
- 2 rote Paprika
- 2 rote Zwiebeln
- 3 EL Ketchup
- 4 EL braunen Zucker
- 1 TL Basilikum, getrocknet
- 1 TL Thymian, getrocknet
- Salz und Pfeffer

Tomaten, Paprika und Zwiebeln fein würfeln. Alles andünsten. Ketchup und Zucker hinzugeben. Kräuter zufügen. Alles ca. 20 Minuten einkochen lassen.
Mit Salz und Pfeffer abschmecken.

Mango-Zwiebel-Chutney

- 1 Mango
- 2 rote Zwiebeln
- 3 Schalotten
- 1 Knoblauchzehe
- 8 EL Weissweinessig
- 4 EL brauner Zucker
- Salz und Pfeffer

Mango schälen und würfeln. Zwiebeln, Schalotten und Knoblauch hacken. Alles zusammen mit Zucker und Essig einkochen bis die Mango weich ist. Mit Salz und Pfeffer anschmecken.

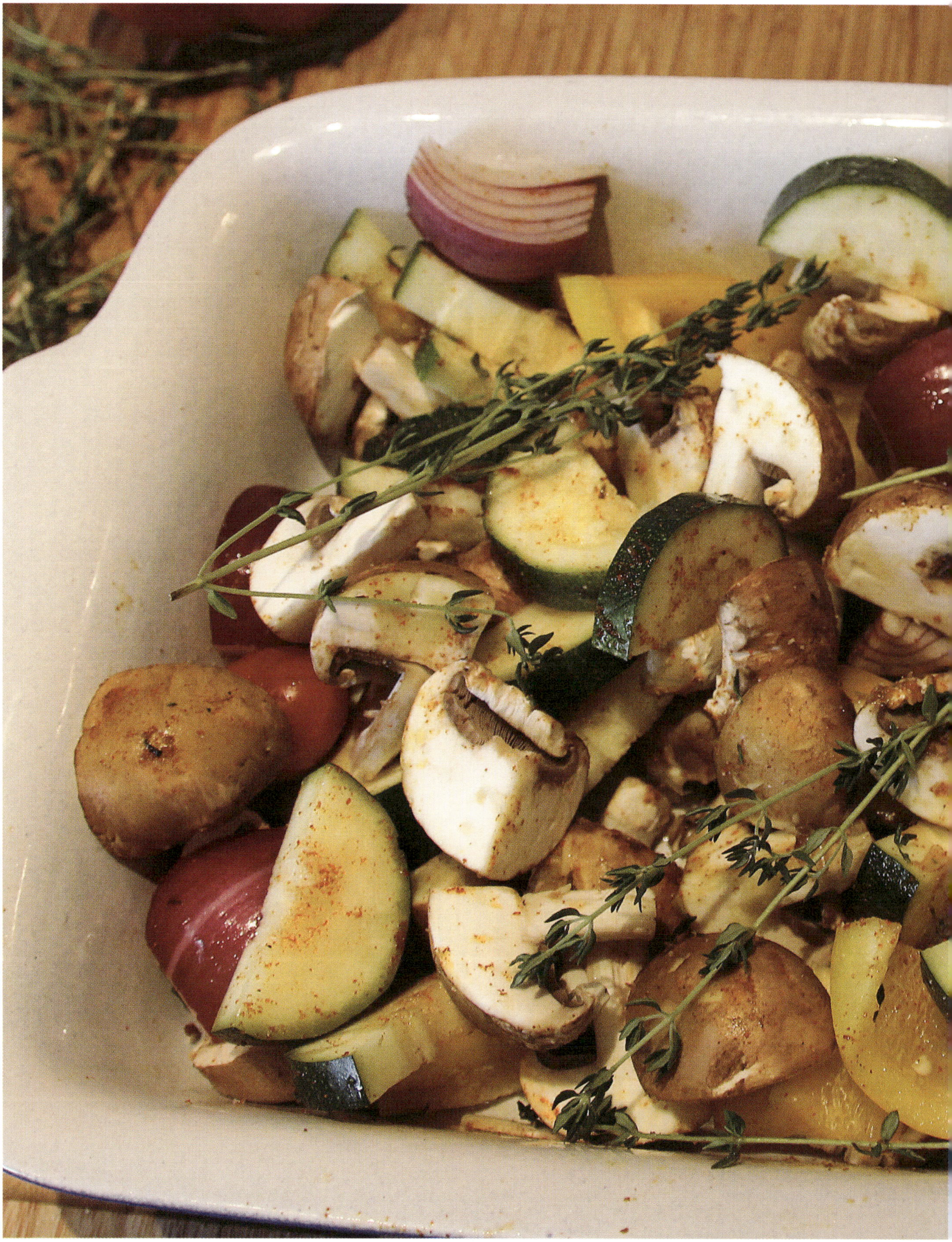

Grilled Vegetables
- Grillgemüse -

- 500g braune Chamignos
- 1 großer Zucchino
- 8 Tomaten
- je eine rote, grüne und gelbe Paprika
- 250 g Cherrytomaten
- 4 rote Zwiebeln
- 10 Zweige Thymian
- 10 EL Olivenöl
- Salz und Pfeffer
- 1 TL Paprikapulver edelsüß

Gemüse putzen und in Stücke schneiden. Alles in eine Auflaufform geben. Mit Öl beträufeln, sowie mit Salz, Pfeffer und Paprikapulver würzen. Alles gut vermengen und bei 170 °C im Backofen ca. 20 Minuten grillen.

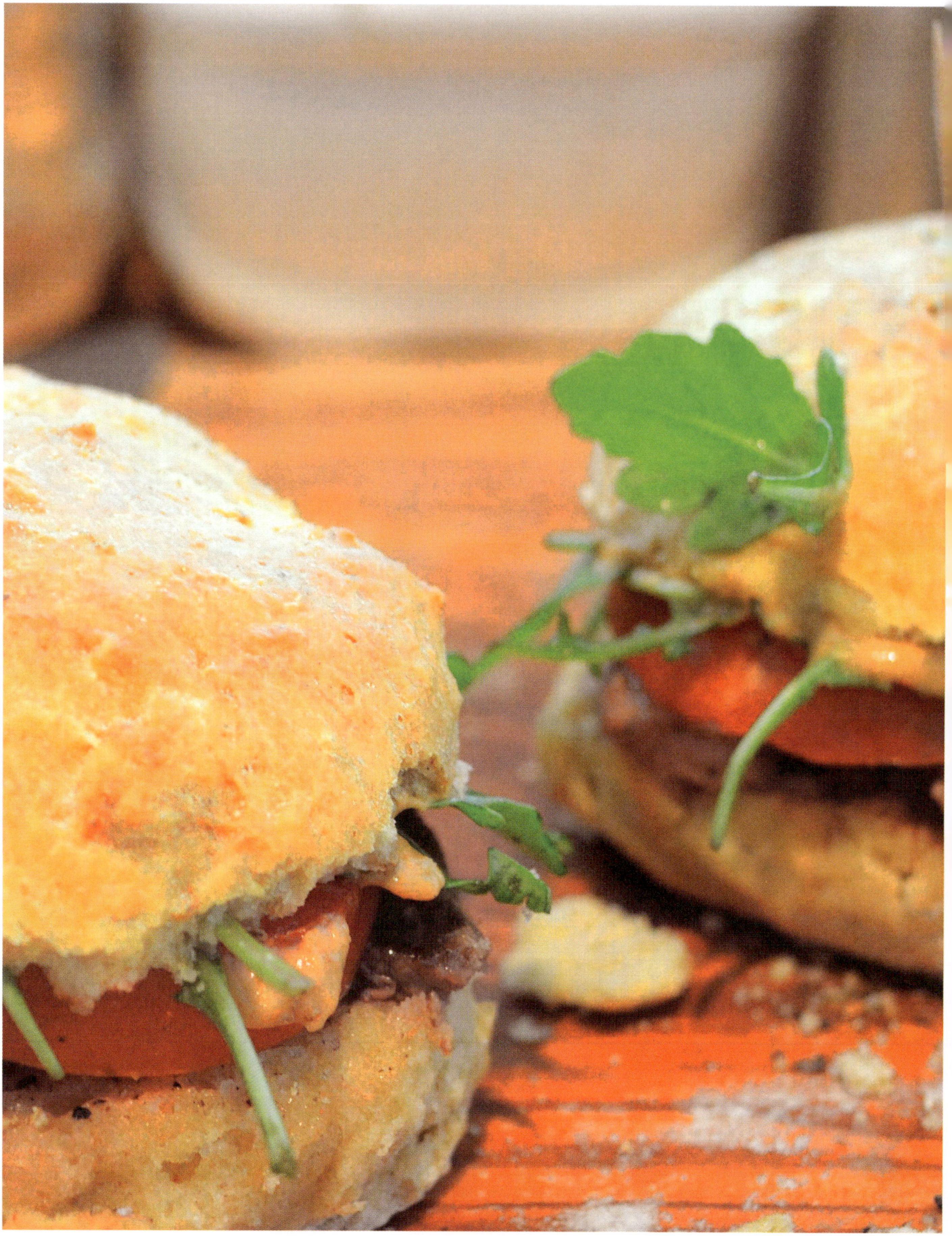

Silvies BBQ Burger

Dieser Burger kommt bei den kleinen und großen Jungs immer richtig gut an …

- 8 Ciabatta Brötchen
- 1,5 kg Rinderhackfleisch
- 4 Tomaten
- 100 g Rucola
- 2 Zwiebeln
- 8 Scheiben Cheddarkäse, optional
- Cocktailsauce
- Salz und Pfeffer

Hackfleisch mit Salz und Pfeffer würzen und zu flachen Frikadellen formen.
Auf dem Grill 3 Minuten von beiden Seiten scharf angrillen
(und Cheddarkäse darauf schmelzen lassen).
Das Brötchen aufschneiden und die Innenseiten kurz anrösten.
Das Grillfleisch auf die untere Hälfte legen und mit Zwiebelringen,
Rucola, Cocktailsauce, und Tomatenscheibe belegen.
Abschließend die obere Brötchenhälfte darauf legen.

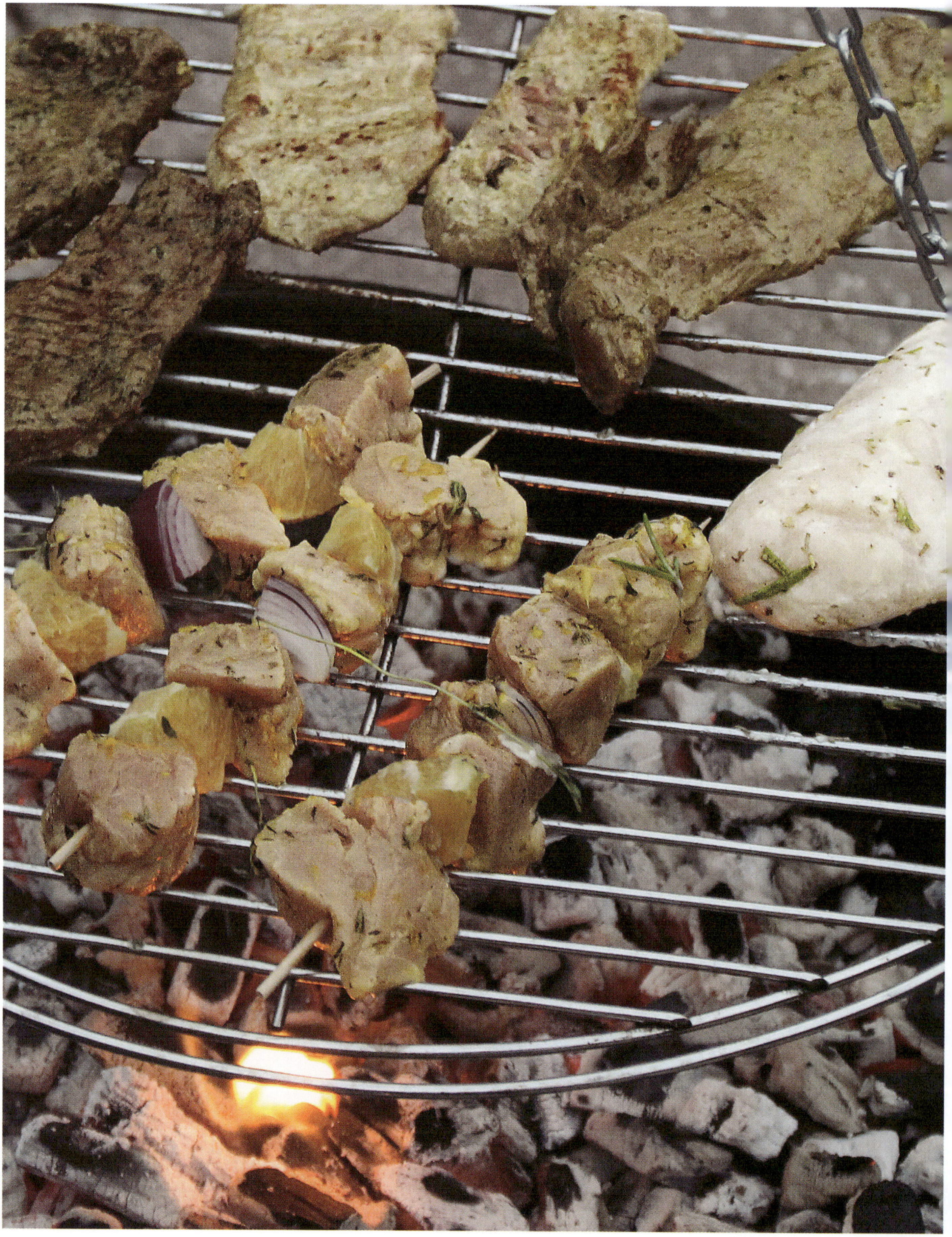

Filet-Spieß mit Orangenfilets

- 1 kg Schweinefilet, in gleichmäßige Stücke geschnitten
- 250 ml Orangensaft
- Abrieb einer halben Bio-Orange
- 5 Knoblauchzehen gehackt
- Filets von 4 Orangen
- 2 EL gehackter Thymian
- 1 TL Senf
- 100 ml Olivenöl
- frischer Pfeffer und Salz
- Holzspieße

Holzspieße zunächst in Wasser legen, damit diese nicht verbrennen auf dem Grill. Orangensaft, Orangenabrieb, Knoblauch, Thymian, Senf, Öl, Salz und Pfeffer zu einer Marinade vermischen und das Fleisch für 4 Stunden darin einlegen. Fleisch abwechselnd mit den Orangenfilets auf die Spieße stecken und ca. 5 Minuten grillen.

Grilled Chicken mit Lemon & Rosmarin

- 8 Hähnchenbrustfilets
- 2 EL gehackter Rosmarin
- 5 EL Olivenöl
- 2 Knoblauchzehen, gehackt
- ½ Tasse frischer Zitronensaft
- Salz und Pfeffer

Marinade aus Olivenöl, Rosmarin, Knoblauch, Zitronensaft, Salz und Pfeffer mischen. Hähnchen darin einlegen und 4 Stunden marinieren lassen. Auf dem Grill von jeder Seite 3-5 Minuten grillen.

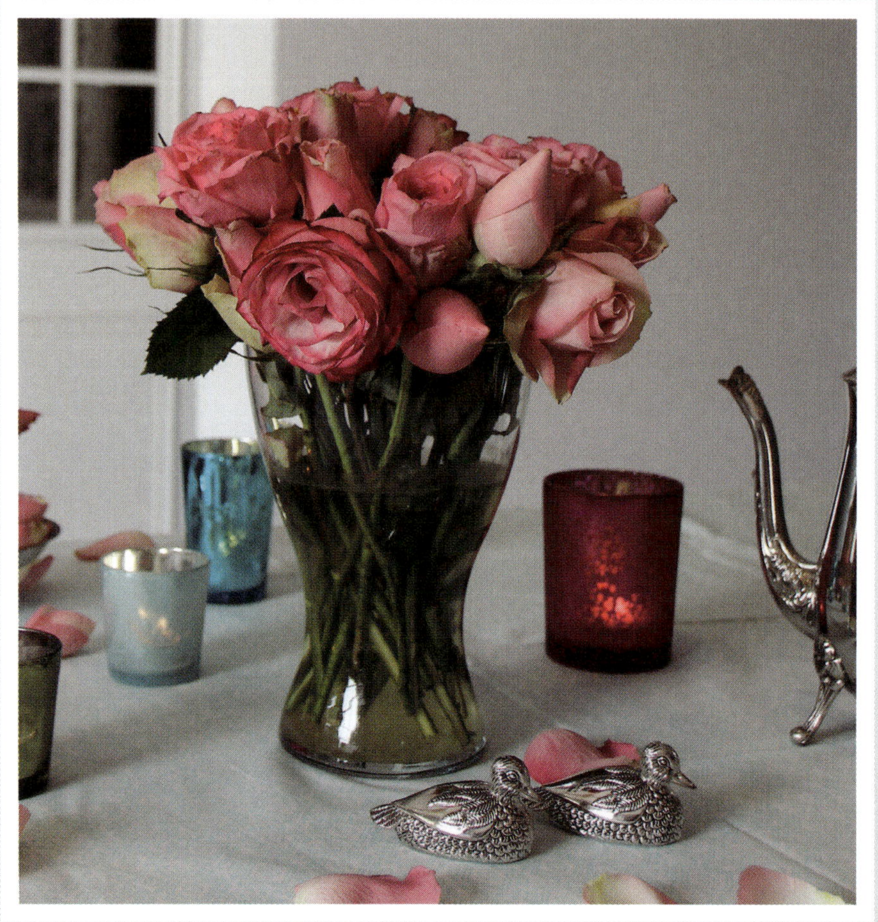

Coffee and Tea Party

Ein Thema, das einen durchs ganze Jahr begleitet, ist die „Coffee and Tea Party".
Zu Kaffee und Kuchen kann man schließlich immer einladen.
Hierfür backe ich am liebsten den Apfelkuchen meiner Oma, der meistens
als erster vernascht wird. Beliebt sind nach wie vor auch die bunten Cupcakes,
und nicht zu vergessen: der Cheesecake. Der nicht einmal gebacken werden
muss und schön erfrischend schmeckt.
Zum Kuchen reiche ich sowohl Kaffee als auch Tee.
Eine klassische Teatime mit Tee, Scones und Sandwiches finde ich
auch immer sehr schön – hier habe ich jedoch die Rezepte für einen richtigen
„Kaffeeklatsch" gebacken.

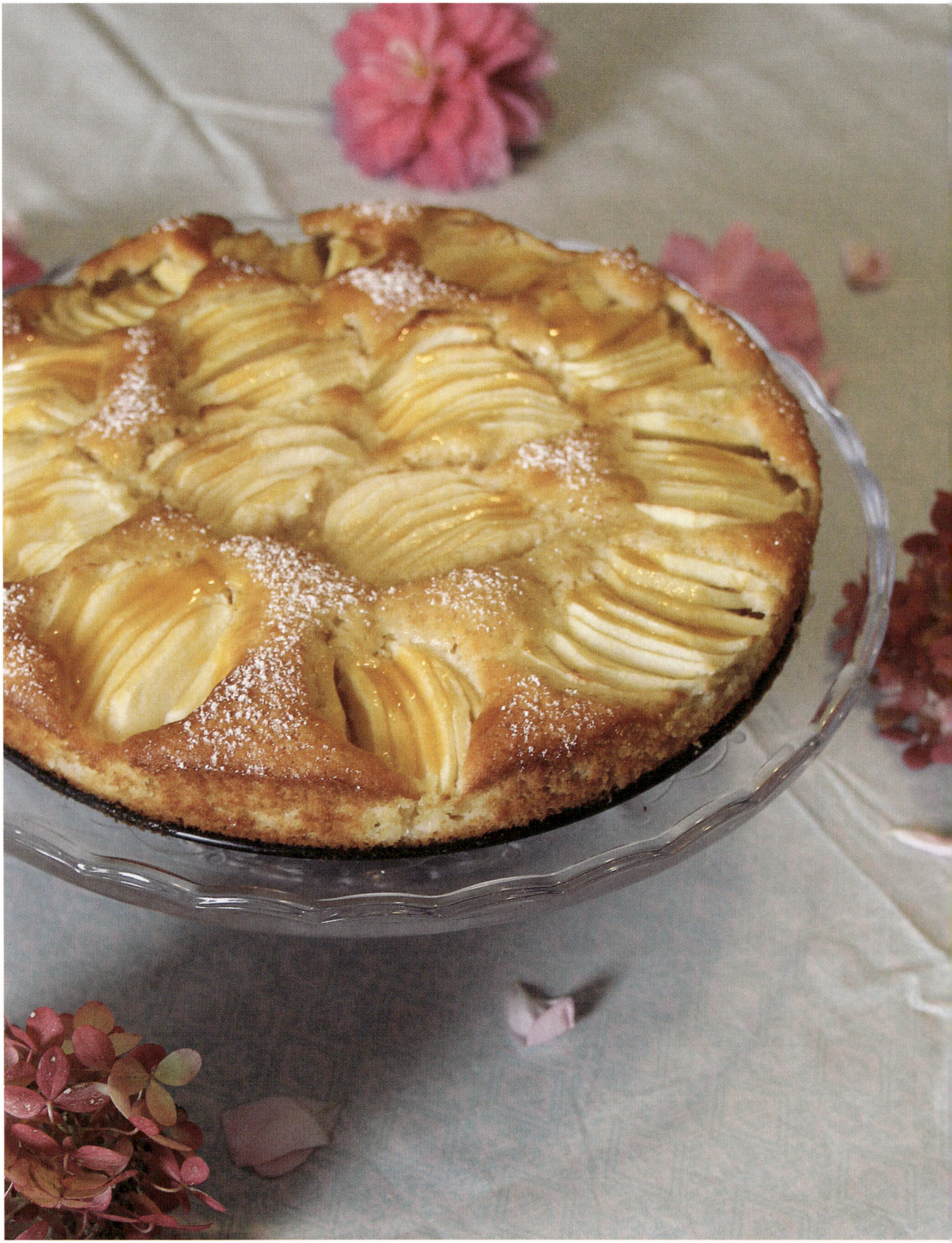

Apfelkuchen

Omi's Apfelkuchen schmeckt immer. Zu jeder Jahreszeit und jeder Gelegenheit ...

- 600 g Äpfel
- 150 g Mehl
- 50 g gemahlene Mandeln
- 1 1/2 TL Backpulver
- 100 g Butter
- 100 g Zucker
- 1 Päckchen Vanille-Zucker
- 1 Prise Salz
- 3 Eier
- 3-4 EL Milch
- 3 EL Aprikosenkonfitüre
- Puderzucker

Mehl, Mandeln, Backpulver, Butter, Zucker, Vanillezucker, Salz, Eier und Milch zu einem geschmeidigen Teig verrühren.
Diesen in eine gefettete 26er Springform füllen.
Äpfel vierteln, schälen, entkernen, längs einschneiden und dicht gelegt auf dem Teig in der Springform verteilen.
Form auf mittlerer Schiene bei 180 °C (Umluft 160 °C) ca. 40 Minuten backen.
Kuchen herausnehmen und die Aprikosenkonfitüre mit einem Teelöffel auf die noch warmen Äpfel streichen. Den abkühlten Kuchen mit Puderzucker bestäuben.

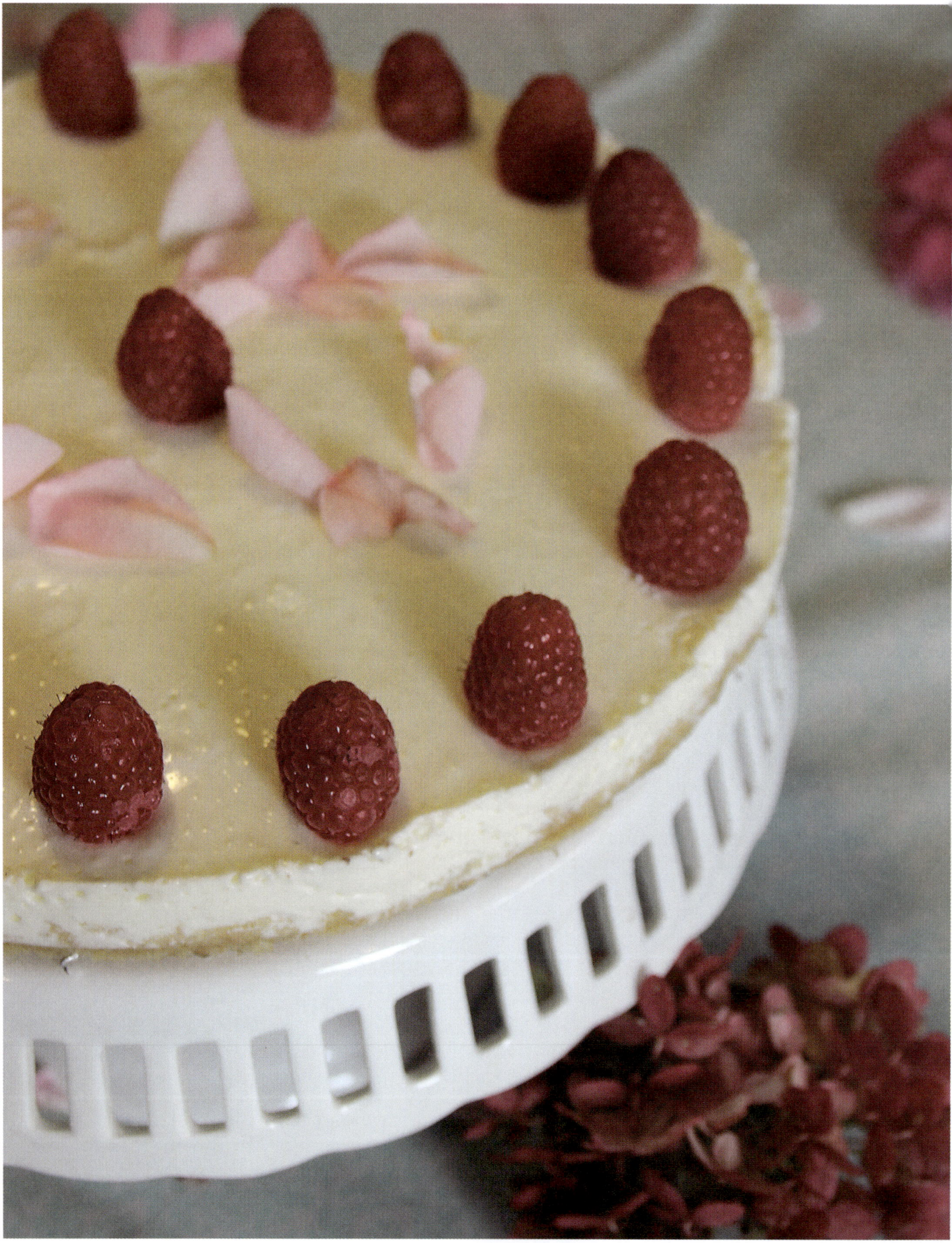

Cheese Cake

Ganz einfach und schnell – ohne Backen!

- 200 g Löffelbiskuits
- 130 g Butter
- 500 g Frischkäse (Philadelphia, Doppelrahmstufe)
- 500 g Joghurt
- 2 EL Zitronensaft
- 6 Blatt Gelatine
- 150 ml Wasser
- 85 g Zucker
- Früchte (nach Wahl)

Löffelbiskuits in einen Gefrierbeutel füllen und mithilfe einer Teigrolle oder eines schweren Gegenstands zerbröseln.
Butter in einen kleinen Topf oder eine Schüssel geben und entweder auf dem Herd oder in der Mikrowelle schmelzen.
Eine Springform mit Backpapier auslegen.
Die Biskuitbrösel und die Butter in einer Schüssel gut vermischen und anschließend in die vorbereitete Springform drücken.
Joghurt, Frischkäse und Zitronensaft mit dem Handrührgerät vermengen.
Gelatine 10 Minuten lang in einem Topf mit 150 ml kaltem Wasser einweichen.
Dann den Zucker dazugeben und alles unter Rühren vorsichtig erwärmen, bis sich sowohl die Gelatine als auch der Zucker aufgelöst haben.
Die Gelatine-Mischung zügig unter die Philadelphia-Masse rühren.
Die Creme auf den Biskuitboden in die Springform füllen und die Torte für mindestens 3 Stunden kalt stellen.
Wer möchte, kann die Torte vor dem Servieren mit Früchten dekorieren.

Lovely Cupcakes

Für 20 Stück

Für den Teig:
- 200 g Mehl
- 2 TL Backpulver
- 200 g Zucker
- ½ TL Salz
- 100 g weiche Butter
- 3 Eier Gr. M
- 150 ml Vollmilch
- 1 Päckchen Vanillearoma

Für das Topping:
- 300 g Puderzucker
- 150 g Butter
- 1 TL Vanillearoma
- 2 TL Himbeersirup
- 2 TL Kakaopulver
- 2 TL Baileys

Für die Dekoration:
Kaffeebohnen, Zuckerherzen, Physalis und hauchdünne Täfelchen
20 Muffin-Papierförmchen

Backofen auf 180 °C vorheizen.
Mehl, Backpulver, Zucker, Butter und Salz vermengen.
Eier, Milch und Vanille verquirlen und nach und nach zum Teig geben
und rühren bis eine geschmeidige Masse entsteht.
Papierförmchen in ein Muffinbackblech stellen, Förmchen bis zur Hälfte
mit Teig füllen und 20 Minuten backen. Komplett abkühlen lassen.
Für das Topping Butter und Puderzucker aufschlagen bis die Masse schaumig wird.
In vier Teile teilen und jeweils mit dem Vanillearoma, Himbeersirup, Kakaopulver und
Baileys erneut aufschlagen und damit jeweils 5 Küchlein
mit einem Spritzbeutel verzieren.
Dann nach Belieben hübsch dekorieren.

Vanille-Beeren-Cupcakes

Für 12 Stück

- 125 g weiche Butter
- 120 g Zucker
- 1 TL Vanillezucker
- 2 Eier
- 150 g Mehl
- 1 TL Backpulver
- 1 Prise Salz
- 120 ml Buttermilch
- 100 g Waldfruchtkonfitüre
- 200 ml Sahne
- 2 Päckchen Vanillezucker
- 1 Päckchen Sahnesteif
- 12 Papierförmchen
- 12 frische Beeren zur Deko

Muffinblech mit Papierförmchen auslegen.
Butter, Zucker und Vanillezucker aufschlagen bis es cremig wird.
Eier gründlich unterrühren. Mehl, Backpulver, Salz und Buttermilch zugeben und gut verrühren.
Hälfte des Teigs in die Förmchen geben.
Jeweils 1 TL Beerenkonfitüre auf den Teig geben und dann den restlichen Teig auf Förmchen verteilen.
Bei 170 °C (Umluft 150 °C) ca. 20 Minuten backen.
Küchlein auf ein Kuchengitter setzen und auskühlen lassen.
Sahne mit Vanillezucker und Sahnesteif sehr steif schlagen.
Auf den ausgekühlten Cupcakes verteilen und mit jeweils einer Beere dekorieren.
Zeitnah genießen, bevor die Sahne sich wieder verflüssigt.

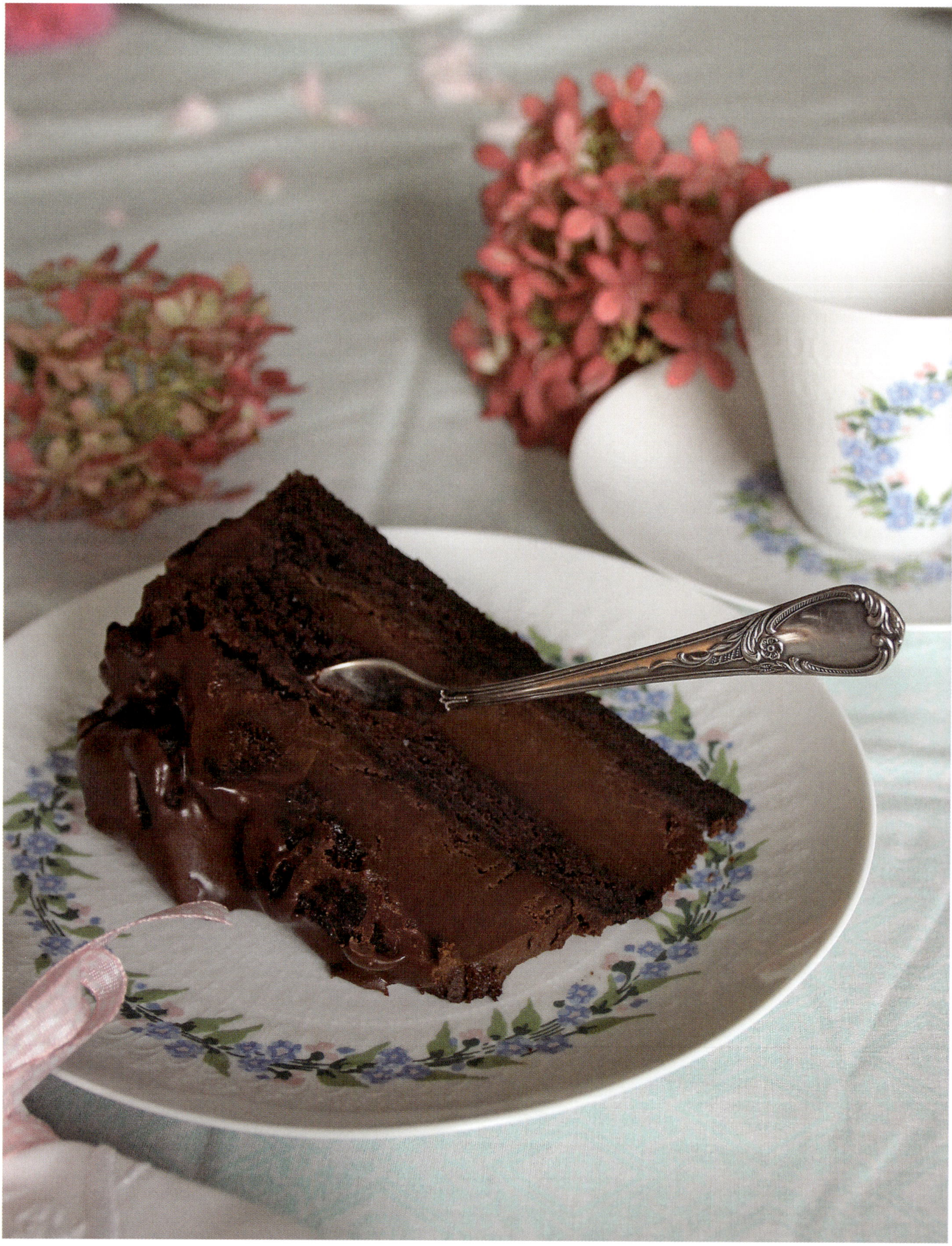

Devil's Chocolate Cake

Teuflisch gut!!!

- 750 g Schlagsahne
- 600 g Zartbitter-Schokolade
- 300 g Zartbitter-Kuvertüre
- 3 Eier (Gr. M)
- Salz
- 100 g Zucker
- 1 Päckchen Vanillezucker
- 50 g Mehl
- 50 g Speisestärke
- 1 1/2 EL (15 g) Kakao
- 2 gestrichene TL Backpulver
- evtl. Kakao zum Bestäuben
- Backpapier

Sahne aufkochen, vom Herd ziehen. Schokolade in Stücke brechen und unter Rühren darin schmelzen, bis die Masse glatt ist.
In zwei Rührschüsseln füllen und auskühlen lassen. Dann 2-3 Stunden kalt stellen.
Kuvertüre grob hacken, 100 g im heißen Wasserbad schmelzen. Ca.10 Minuten abkühlen lassen. Springform (26 cm Ø) am Boden mit Backpapier auslegen.
Eier trennen. Eiweiß, 4 EL kaltes Wasser und 1 Prise Salz steif schlagen, dabei Zucker und Vanillezucker einrieseln lassen. Eigelb einzeln unterschlagen.
Die flüssige Kuvertüre nach und nach unterschlagen. Mehl, Stärke, Kakao und Backpulver daraufsieben, unterheben.
Teig in die Form streichen. Im vorgeheizten Ofen 175 °C (Umluft: 150 °C) ca. 25 Minuten backen. In der Form auskühlen lassen. 200 g Kuvertüre schmelzen. Dünn auf eine glatte Fläche streichen und trocknen lassen. Sobald sie beginnt fest zu werden, abhobeln.
Biskuit waagerecht halbieren. Schokocreme in beiden Schüsseln mit dem Handrührgerät je ca. 1 Minute cremig aufschlagen. 1/3 Creme auf den unteren Boden streichen. 2. Boden daraufsetzen. Rest Creme an den Rand und kuppelartig auf die Torte streichen. Ca. 2 Stunden kalt stellen.
Kurz vorm Servieren mit Schokospänen und Kakao verzieren.

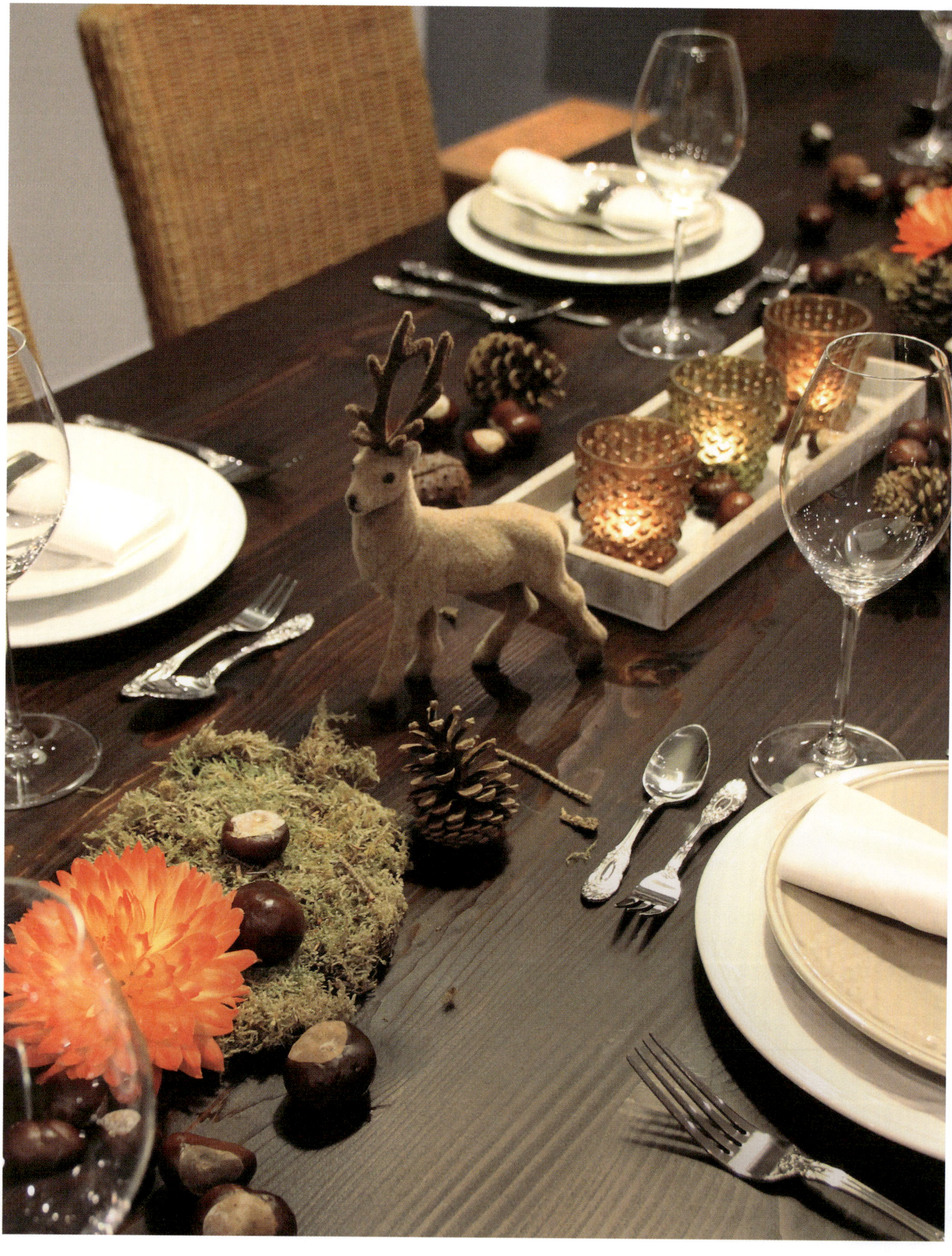

Indian Summer

Alles ist in gelbgoldenes Licht getaucht, die ersten Blätter fallen von den Bäumen …
Jetzt ist die richtige Zeit für ein herbstliches Dinner.

In America wird dies meistens zu Thanksgiving am letzten Donnerstag im November mit einem klassischen Truthahn gefeiert. Da dies bei uns jedoch kein Feiertag ist, finde ich es angenehmer, ein herbstliches Dinner am Wochenende zu veranstalten. So müssen weder ich noch die Gäste am nächsten Morgen früh aufstehen.
Einen Truthahn finde ich auch nicht zwingend notwenig – es gibt einfachere und genauso leckerere Speisen, die ebenso herbstlich sind, aber deutlich schneller zubereitet werden können.

Mein Favorit ist auf jeden Fall das Schweinefilet mit Backpflaumen …

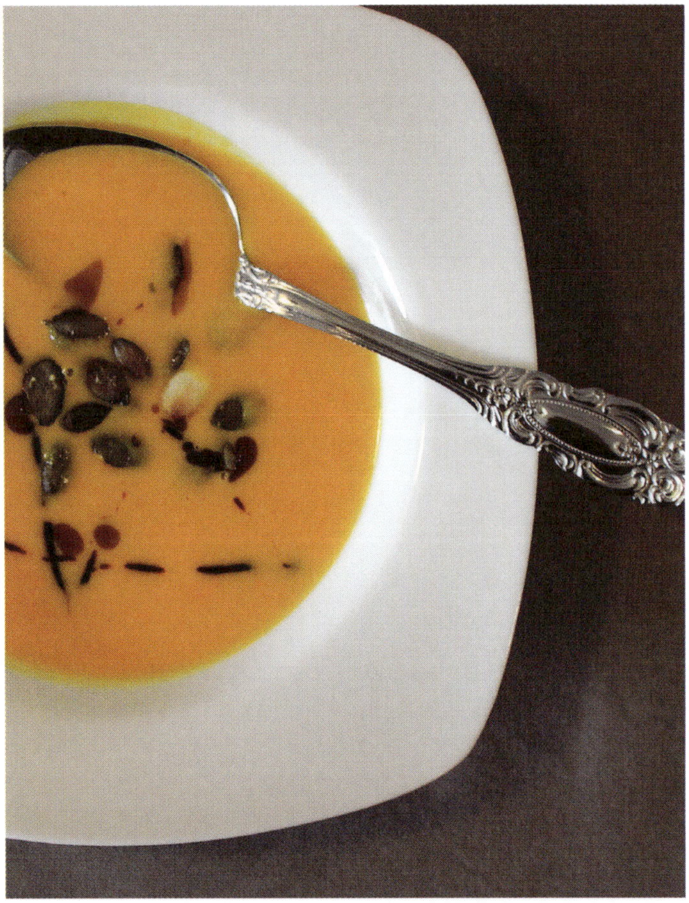

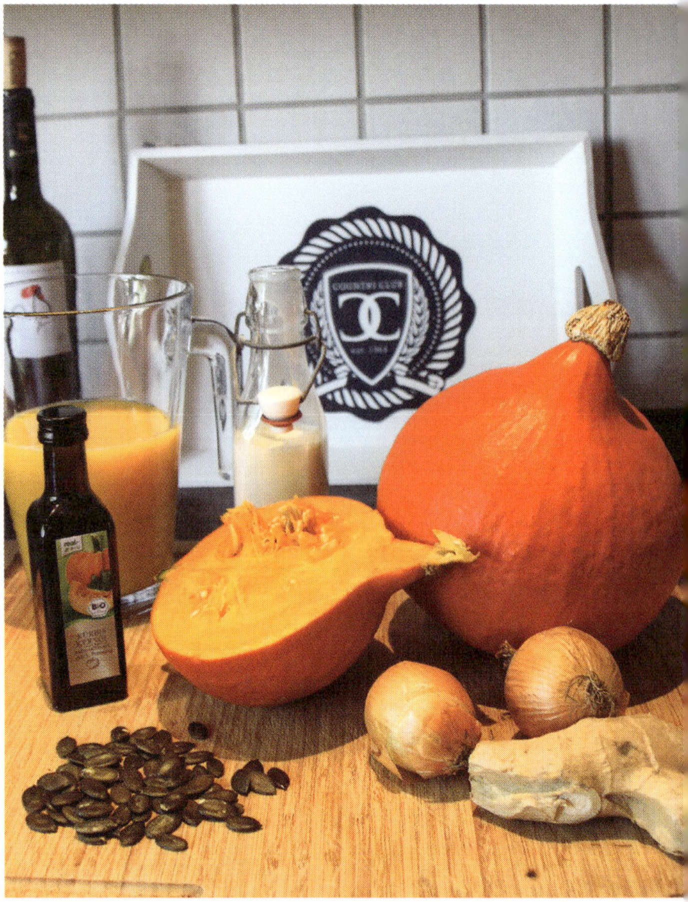

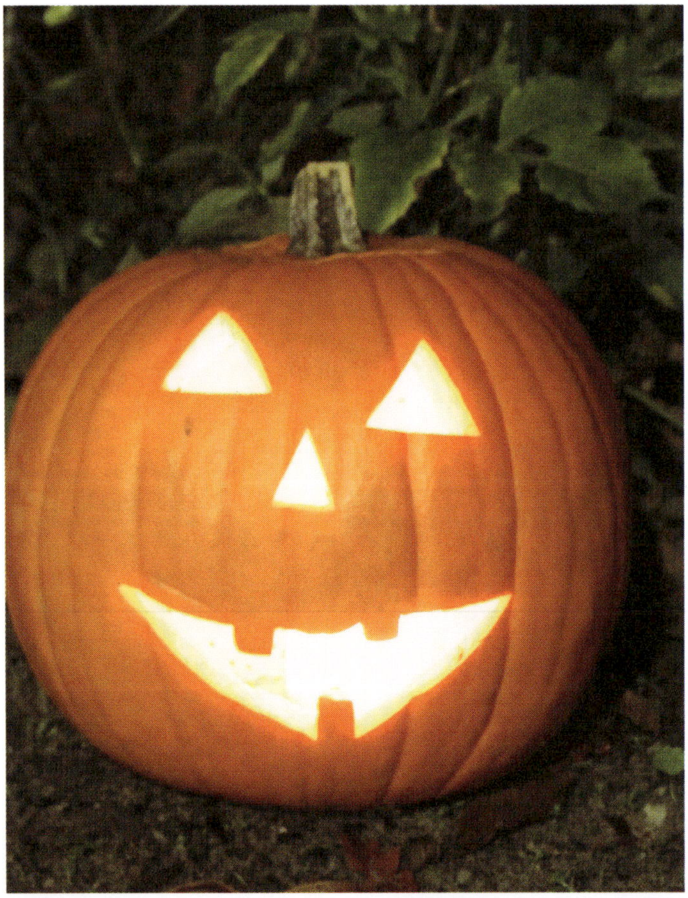

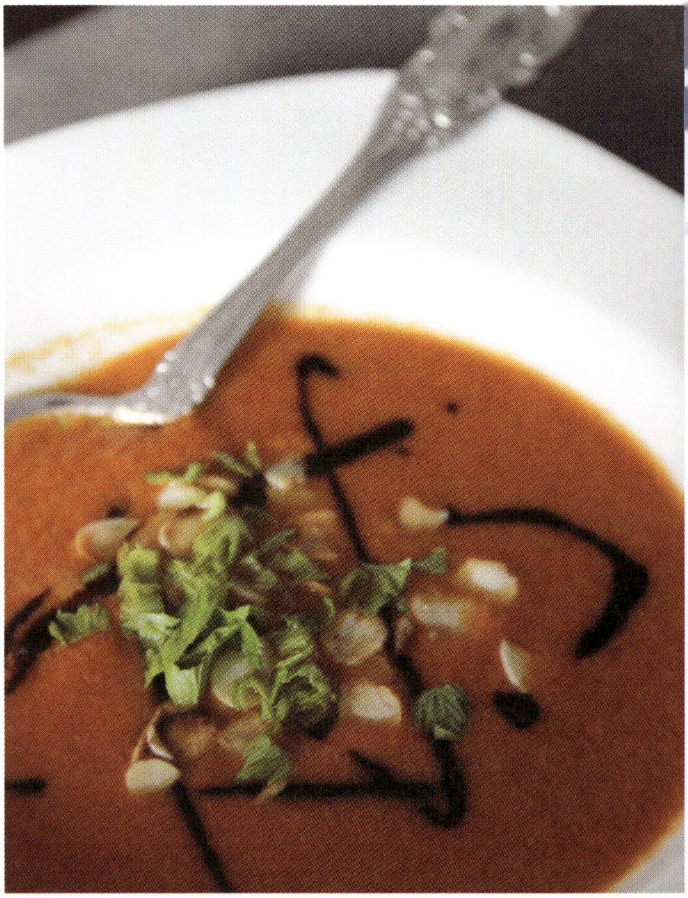

Orangen-Kürbis-Suppe

- 1,5 kg Hokkaido
- 1 L Orangensaft
- 200 ml Sahne
- 30g Ingwer
- Gemüsebrühe-Instantpulver
- 4 EL Orangenmarmelade
- 3 Schalotten
- 4 EL Olivenöl
- Salz und Pfeffer
- geröstete Kürbiskerne
- Kürbiskernöl

Den Kürbis waschen, entkernen und in Stücke schneiden, der Kürbis braucht nicht geschält zu werden. Zwiebeln in einem großen Topf zusammen mit den Kürbisstücken kurz andünsten, bis die Zwiebeln glasig werden. Mit dem Orangensaft ablöschen und 15 Minuten köcheln. Sahne zufügen und alles fein pürieren. Mit Salz, Pfeffer, Brühe und Orangenmarmelade abschmecken. Auf dem Teller mit den gerösteten Kernen servieren und ein paar Tropfen Kürbiskernöl über die Suppe träufeln.

Paprika-Mandel-Süppchen

- 8 rote Paprika
- 800 ml gehackte Dosentomaten
- 300 ml Gemüsebrühe
- 1 Stangensellerie
- 300 g gemahlene Mandeln
- 3 EL Öl
- 2 Zwiebeln
- 6 EL Paprikapulver edelsüß
- Sojasauce
- Balsamicoessig
- Salz und Pfeffer
- Geröstete Mandelblättchen

Die Paprika entkernen, vierteln, auf ein Backblech legen und im Ofen unter dem Grill bei 220 Grad grillen bis die Haut schwarze Stellen bekommt. Paprika dann enthäuten und in Stücke schneiden. Sellerie ebenfalls in Stücke schneiden. Das Grün am Ende der Stangen abzupfen und hacken. Sellerie zusammen mit den gehackten Zwiebeln im Öl anbraten. Brühe hinzugeben und Sellerie weich kochen. Tomaten und Paprika hinzugeben und alles pürieren. Nun Mandeln und Paprikapulver zur Suppe geben und diese kurz aufkochen lassen. Mit Sojasauce, Essig, Salz und Pfeffer abschmecken. Auf einem Teller zusammen mit den Mandelblättern und den gehackten Sellerieblättern servieren.

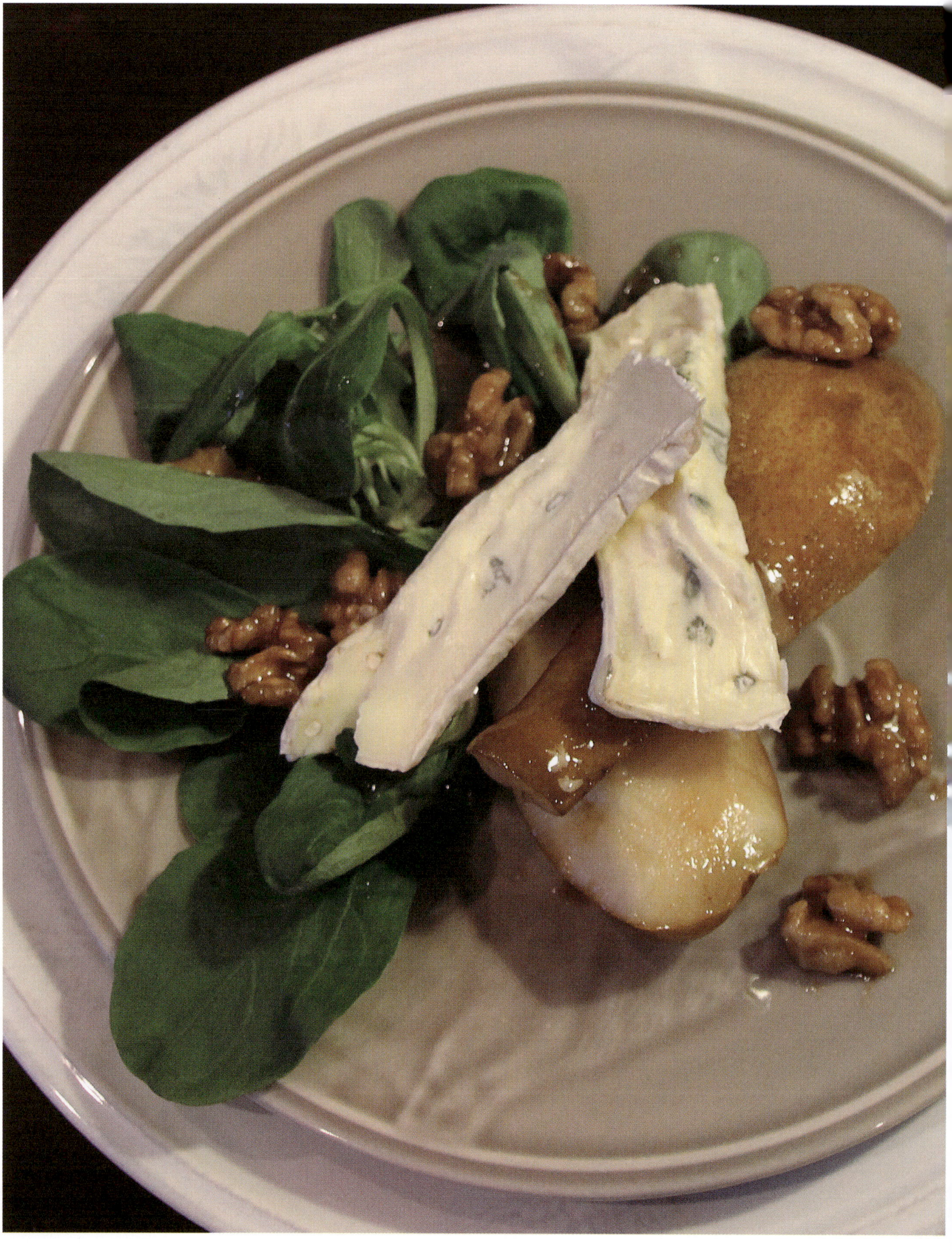

Karamellisierte Birnen

Herzhaft trifft süß …

- 4 feste Birnen
- 2 Tassen Walnüsse
- 160 g Butter
- 8 EL Weißweinessig
- 4 EL brauner Zucker
- 200 g Feldsalat
- 300 g Blauschimmelkäse in Scheiben geschnitten

Die Birnen vierteln und entkernen.
Butter, Essig und Zucker in einer Pfanne karamellisieren.
Walnüsse und Birnen hinzugeben und 2-3 Minuten in der Pfanne köcheln lassen.
Auf einem Teller zusammen mit dem Feldsalat anrichten und den Blauschimmelkäse über die heiße Birne geben, sodass dieser leicht verlaufen kann.
Sauce aus der Pfanne über den Feldsalat träufeln.

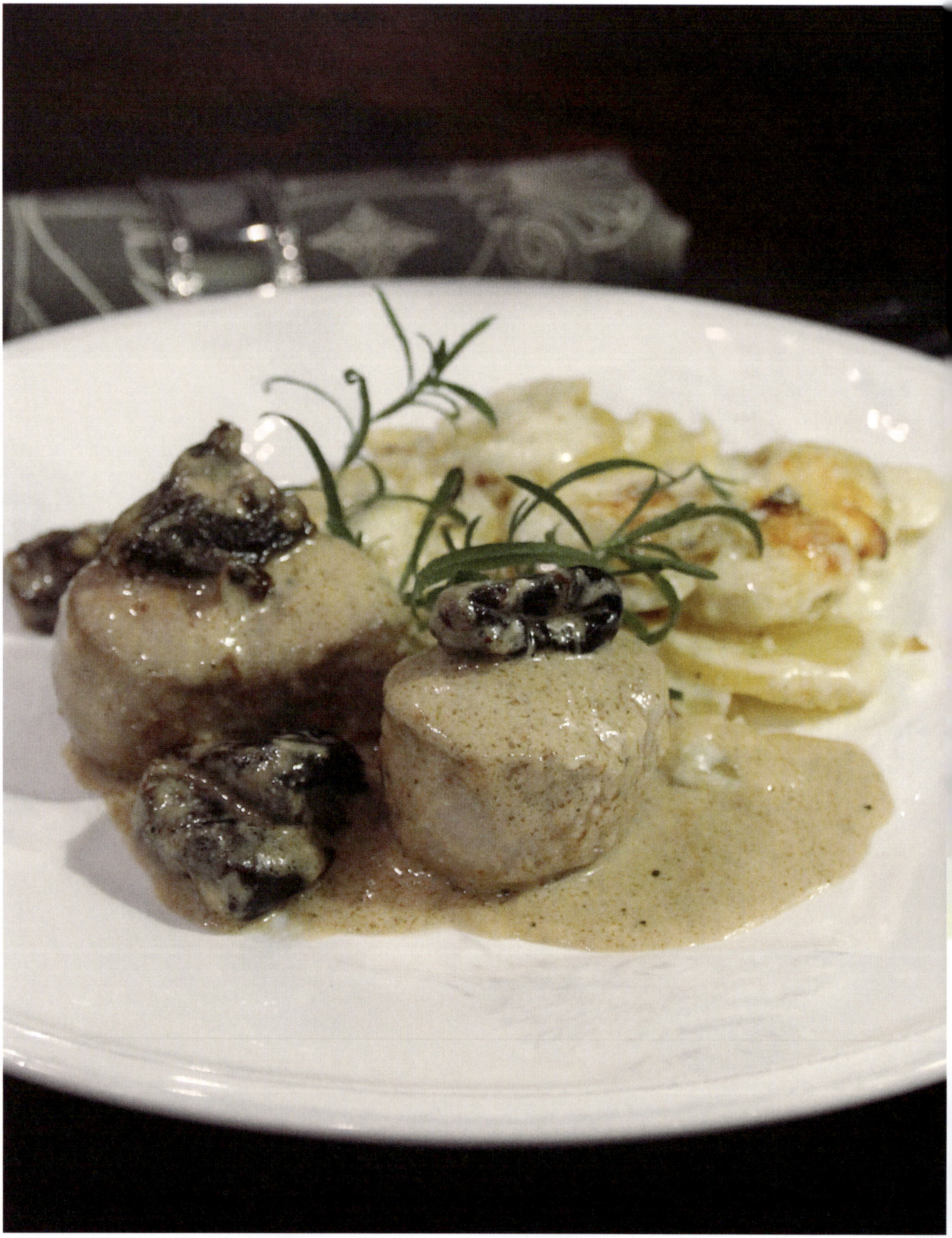

Schweinefilet mit Pflaumen

- 1,5 kg Schweinefilet, küchenfertig
- 250 g Backpflaumen
- 2 Becher Crème Fraiche
- 8 EL Weinbrand
- 50 g Butter
- Salz und Pfeffer
- 50 g Butter

Die Backpflaumen in einem kleinen Topf mit Wasser
und 2 EL Weinbrand aufkochen.
Schweinefilet in ca. 3-4 cm große Stücke schneiden und nach und nach in der Pfanne
mit Butter anbraten, aber nicht ganz durchgaren.
Fleisch herausnehmen und im Backofen bei 60 °C warm halten.
Die Pflaumen samt dem Sud in die Pfanne gießen mit
der Crème Fraiche aufkochen. Kräftig salzen und pfeffern.
Den Weinbrand hinzugeben und die Sauce 10 Minuten köcheln lassen.
Fleisch wieder hinzugeben und 5 Minuten in der heißen Sauce ziehen lassen.
Dazu passt hervorragend Kartoffelgratin oder auch Bandnudeln sowie
ein grünes Gemüse oder Feldsalat mit Vinaigrette.

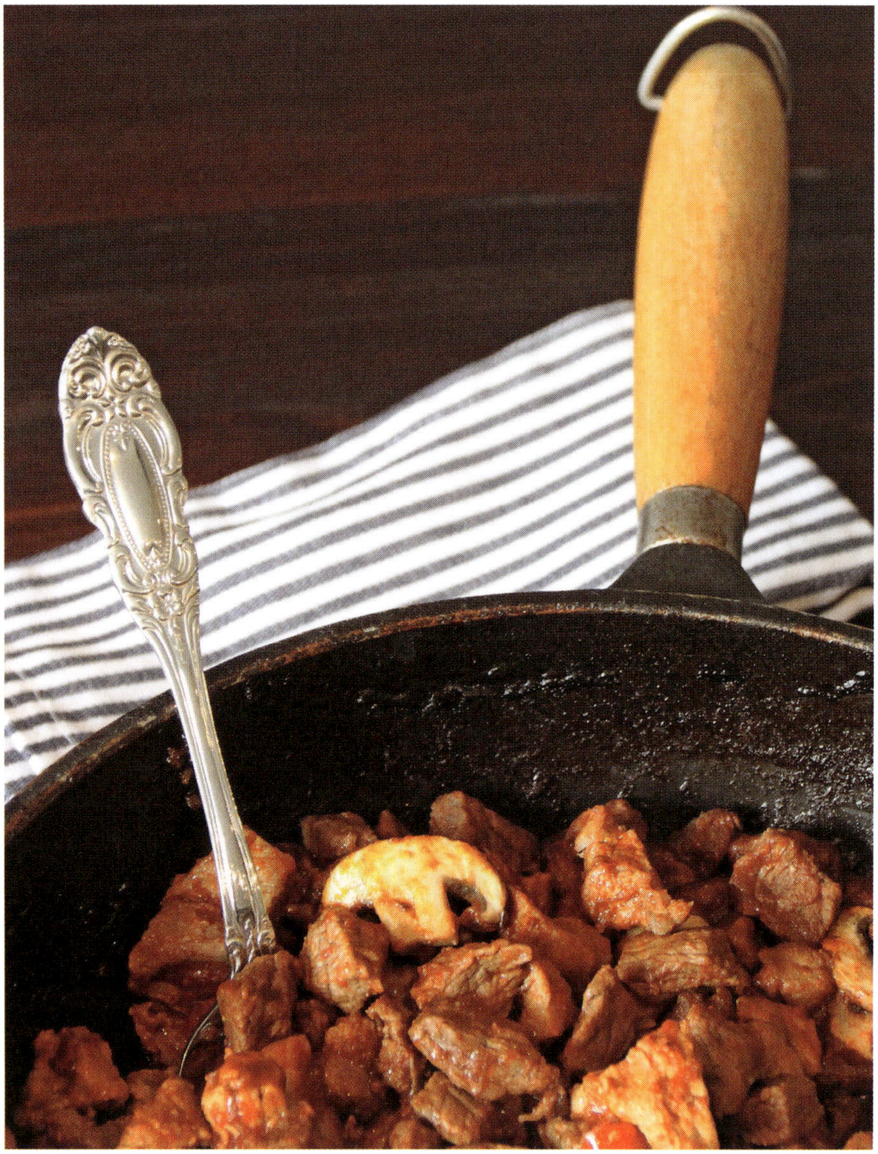

Rinderschmorgulasch mit Rotwein

Der Klassiker!

- 3 Zwiebeln
- 8 EL Öl
- 1,5 kg Rindergulasch
- 5 TL rosenscharfes Paprikapulver
- 5 EL Tomatenmark
- 600 ml trockener Rotwein
- 500 ml Fleischbrühe
- 500 g rote und gelbe Paprikaschoten
- 500 g frische braune Champignons
- 6 TL dunkler Saucenbinder
- 1 TL getrockneter Thymian
- 4 Stiele glatte Petersilie, gehackt

Zwiebeln würfeln. 3 El Öl in einem Bräter oder einem breiten Topf erhitzen.
Das Fleisch mit Salz und Pfeffer würzen und portionsweise nacheinander rundum braun anbraten, dabei immer wieder einen EL Öl hinzugeben.
Zur letzten Portion Paprikapulver und Tomatenmark geben und kurz mitbraten.
Dann das gesamte Fleisch wieder in den Topf geben. Mit Rotwein ablöschen, Brühe zugießen, einmal aufkochen lassen und bei milder Hitze zugedeckt
2 Stunden schmoren. Paprikaschoten und Pilze putzen und in 2 cm große Stücke schneiden. Nach 1 3/4 Stunden zum Fleisch geben und mitschmoren.
Mit Saucenbinder binden und mit Petersilie bestreut servieren.
Dazu passen breite Nudeln in jeglicher Form.

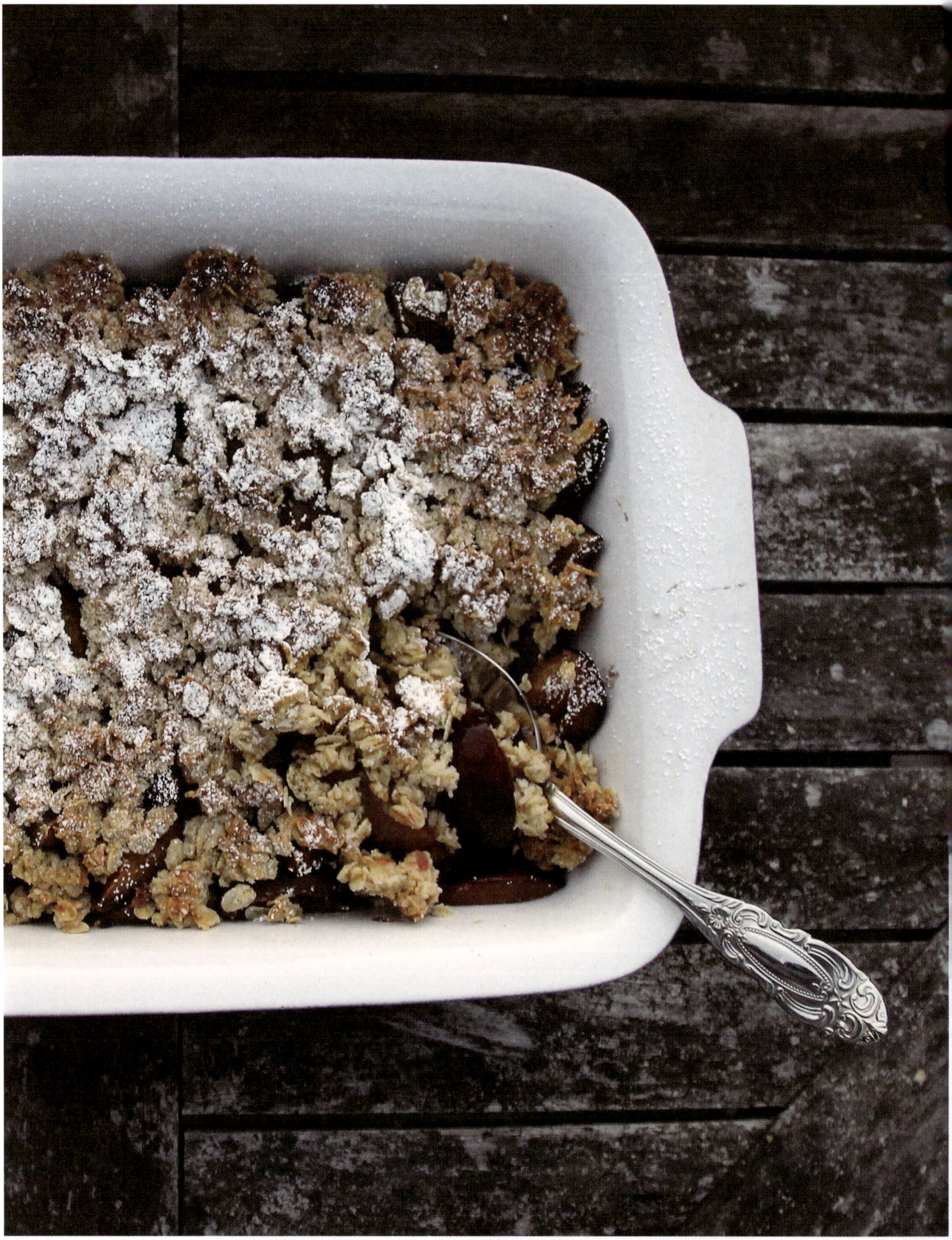

Espressocreme

- 6 Blatt weiße Gelatine
- 450 ml heißer Espresso
- 9 EL Puderzucker
- 300 g Schlagsahne
- Schokoladenbohnen

Gelatine in kaltem Wasser einweichen,
gut ausdrücken und sofort im heißen
Espresso auflösen. 2 EL Puderzucker unterrühren.
Ca. 30 Min. unter gelegentlichem Rühren im Kühlschrank abkühlen lassen.
Sahne halb steif schlagen. Sobald der Espresso fest zu werden beginnt,
die Sahne mit einem Schneebesen vorsichtig unterheben.
Creme in kleine Gläschen füllen und mindestens 2 Stunden kalt stellen.
Mit Espressopulver und Schokoladenbohne servieren.

Pflaumen Crumble

- 100 g Müsli ohne Früchte
- 150 g weiche Butter
- 65 g Mehl
- 130 g brauner Zucker
- 1 TL Zimt
- 500 g Pflaumen
- 2 EL Puderzucker

Alle Zutaten
(außer Pflaumen und Puderzucker) vermischen bis kleine Flocken entstehen.
Pflaumen waschen, entkernen und halbieren.
Backofen auf 170 °C (Umluft auf 150 °C) vorheizen.
Pflaumen in gefetteter Auflaufform verteilen, Streusel drüber geben und
ca. 25 Minuten goldbraun backen. Abkühlen lassen und mit Puderzucker bestäuben.
Dazu passt hervorragend Vanilleeis und/oder Schlagrahm.

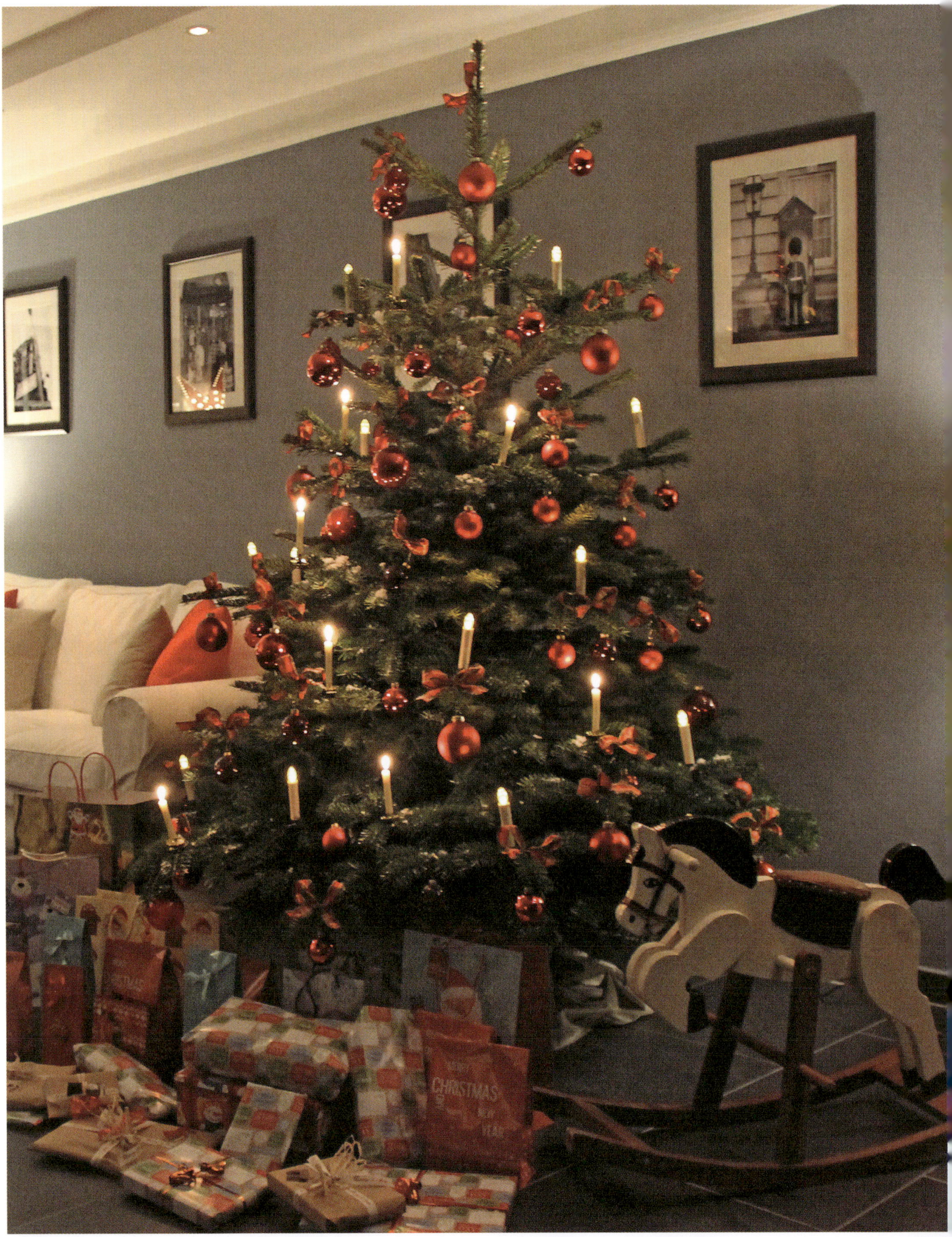

Christmas Dinner

Die Weihnachtszeit ist für mich immer die schönste Jahreszeit…
Alles duftet nach Lebkuchen, Glühwein und frischem Tannengrün.
Draußen ist es kalt und drinnen knistert der Kamin und alles ist in warmes
Kerzenlicht getaucht. Das ist die Zeit für Freunde und vor allem für die Familie.
Alle kommen über die Feiertage zusammen und das Haus füllt sich
mit fröhlichem Leben. An Heilig Abend habe ich immer die ganze Familie zu Besuch
und verwöhne meine Lieben. Am zweiten Weihnachtsfeiertag ist dann das Haus für
alle offen – es wird nicht gekocht, sondern jeder bringt Reste mit und die
Geschenke, die nicht so recht gefallen wollen. Die können dann getauscht werden.

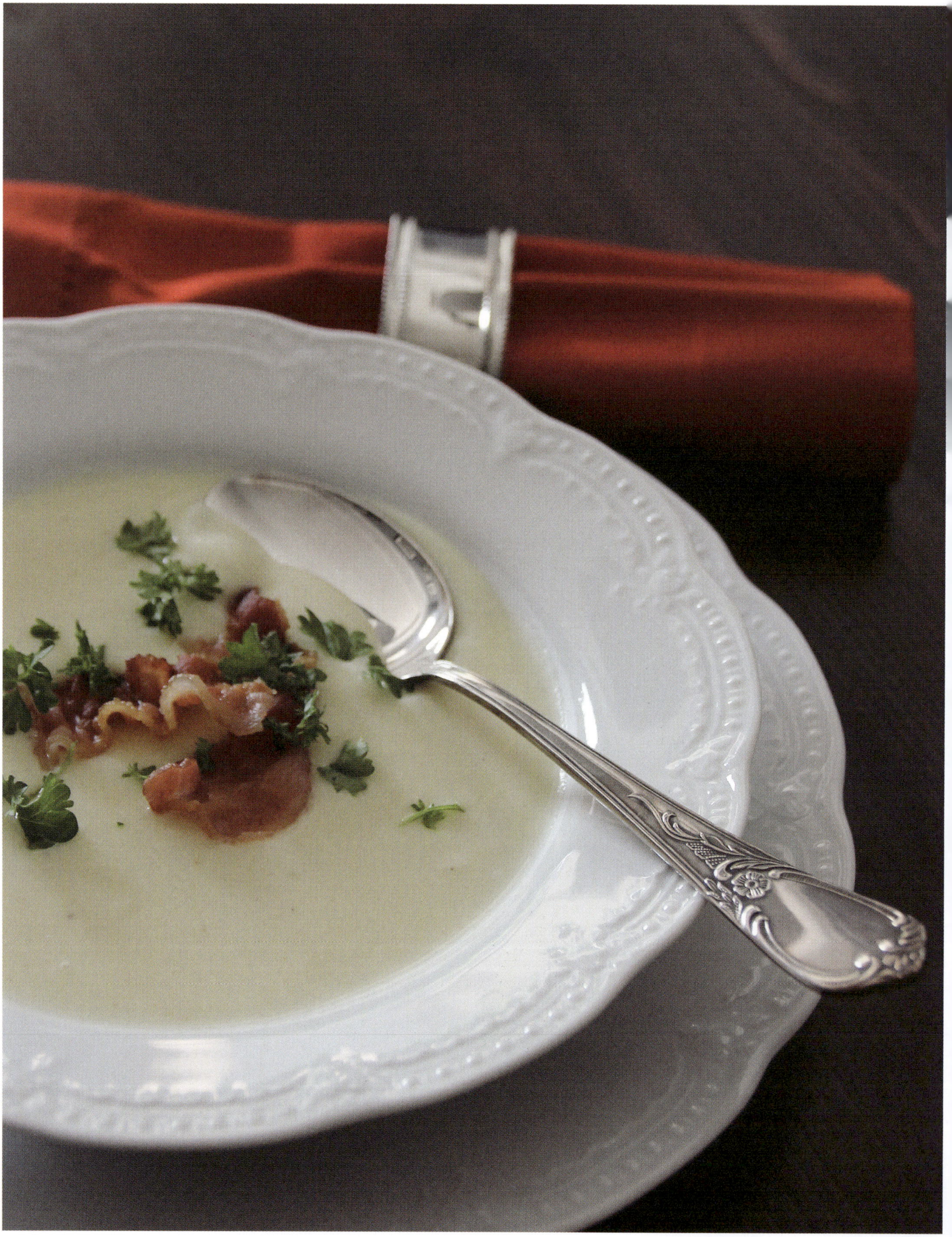

Sellerie-Süppchen

**Mit knusprigen Baconscheiben
– wärmt besonders in der kalten Zeit von innen.**

- 1 große Sellerieknolle
- 500 g Kartoffeln
- 500 ml Brühe
- 200 ml Sahne
- Salz und Pfeffer
- etwas Chilipulver
- 16 Scheiben Bacon
- gehackte Petersilie

Den Sellerie und die Kartoffeln schälen, in Stücke schneiden und gar kochen. Das Wasser abgießen. Kartoffeln und Sellerie mit der Brühe und Sahne aufgießen. Alles fein pürieren. Wenn die Suppe zu dickflüssig ist noch etwas Brühe nachgeben. Mit Salz, Pfeffer und Chili abschmecken. Bacon in einer Pfanne knusprig braten und in Stücke schneiden. Suppe mit Petersilie und Bacon anrichten.

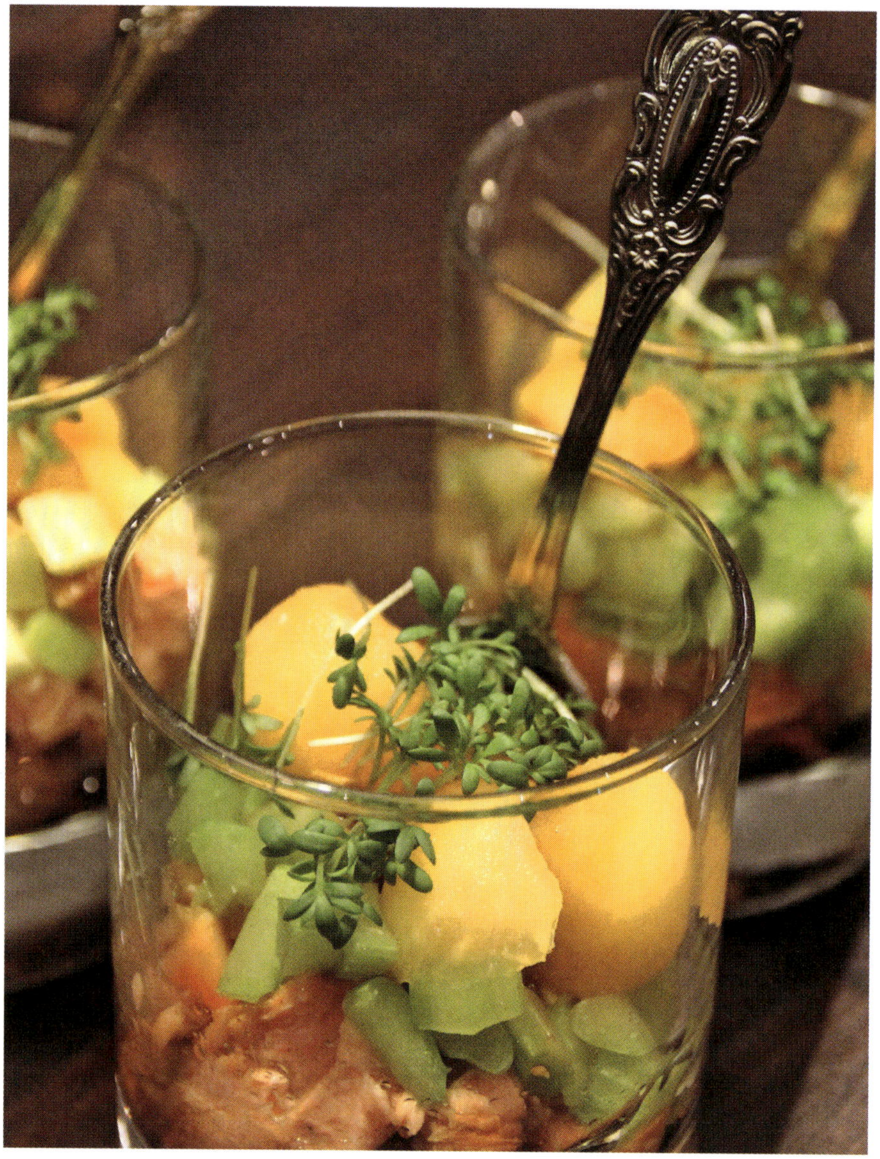

Feines Lachstatar

- 600 g Lachs in Sushiqualität, ohne Haut
- 250 g Staudensellerie
- 500 g Papayafruchtfleisch (ca. 1/2 Papaya)
- 8 TL Sesam
- 4 Limetten
- 50 g Ingwer
- 1 rote Chili, entkernt
- 4 TL Sojasauce
- 2 TL Honig
- 1 Beet grüne Kresse

Falls vorhanden, grauen Tran vom Lachs entfernen. Lachs fein würfeln.
Sellerie putzen und sehr fein würfeln.
Papaya entkernen und aus dem Fruchtfleisch Kugeln (mit einem Kugelausstecher) ausstechen oder Papaya schälen und das Fruchtfleisch fein würfeln.
Sesam ohne Fett in einer Pfanne goldbraun rösten.
Limettenschale fein abreiben, Saft auspressen. Ingwer schälen und sehr fein hacken. Chili fein hacken. Alles mit Sojasauce und Honig verrühren. Lachs, Staudensellerie und Papaya in Gläser schichten. Darüber das Dressing verteilen. 30 Minuten abgedeckt im Kühlschrank marinieren lassen.
Sesam über die Papaya streuen. Kresse schneiden und Gläser damit garnieren. Dazu Baguette servieren.

Mein Tipp:
Zum Anrichten finde ich kleine Weckgläschen mit Deckel sehr hübsch. Diese lassen sich vorher im Kühlschrank auch wunderbar aufbewahren.

90

Klassische Ente

– bei mir der Weihnachtsklassiker schlechthin

- 6 Schalotten
- 2 Möhren
- 2 Lorbeerblatt
- 3 Rosmarinzweige
- 2-3 Enten, küchenfertig
- 2 EL Olivenöl
- 500 ml Orangensaft
- 300 ml Geflügelfond
- 150 g Zucker
- 500 ml Orangensaft
- 6 EL Balsamico bianco
- 5 EL Orangenmarmelade
- 2 EL Speisestärke
- 3 Orangen (unbehandelt)

Schalotten und Möhren putzen, schälen und grob zerkleinern und mit Lorbeerblättern und Rosmarinzweigen in die Fettpfanne des Ofens geben. Die Enten innen und außen waschen, gut trocken tupfen und mit Salz einreiben. Die Enten in einem Bräter in dem Olivenöl von allen Seiten goldbraun anbraten. Dann auf das Gemüse setzen und Orangensaft und Geflügelfond zugießen. Die Enten im Ofen auf der mittleren Schiene ca. 2 Stunden garen, dabei alle 20 Minuten mit dem Bratfond begießen. Die gegarten Enten im Ofen bei 100 °C warm halten und den Bratenfond in eine kleine Schüssel gießen. Den Zucker bei mittlerer Hitze in einer Pfanne karamellisieren lassen. Mit Orangensaft und dem Bratenfond ablöschen, Balsamico bianco und Orangenmarmelade zufügen und die Sauce offen ca. 30 Minuten auf die Hälfte einkochen lassen. Mit Salz und Pfeffer abschmecken. Die Speisestärke mit etwas kaltem Wasser anrühren und die Sauce damit binden. Die Orange heiß abwaschen, abtrocknen und die Schale mit einem Zestenreißer in schmalen Streifen abziehen. Die Orange sowie eine weitere Orange sorgfältig schälen und die Filets aus den Trennhäuten schneiden. Die Orangenzesten ca. 1 Minute in kochendem Wasser blanchieren, in ein Sieb gießen und abtropfen lassen. Die Sauce durch ein Sieb gießen, die Orangenfilets und die Orangenzesten hinzugeben und zusammen mit der Ente servieren. Dazu passen natürlich besonders gut Rotkohl und Kartoffelklöße.

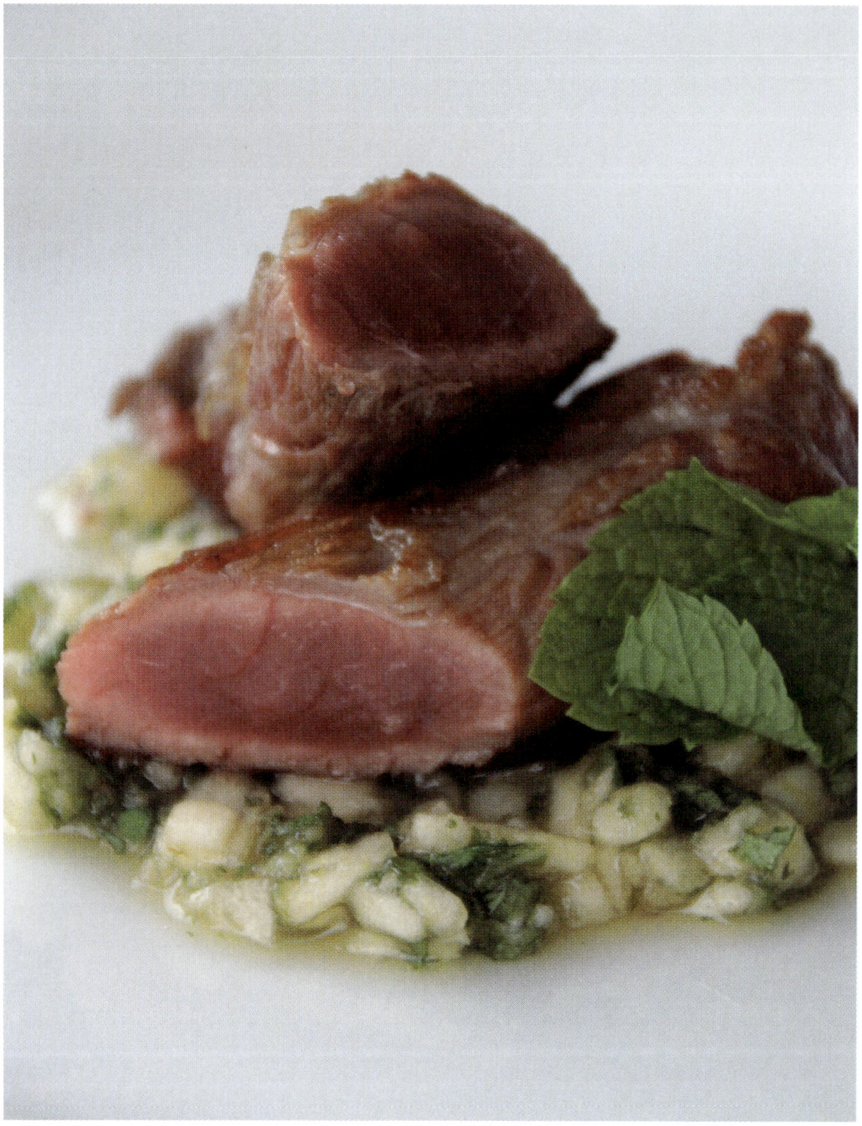

Lammfilet mit Minzsauce und Äpfel
– die klassische britische Variante, mit Äpfeln verfeinert

- 2 EL Pflanzenöl
- 1 TL milde Chilischoten
- 1 TL gemahlener Koriander
- Salz und Pfeffer
- 1 kg Lammfilets, küchenfertig
- 4 grüne Äpfel, entkernt
- 100 g Minze
- 4 EL Weißweinessig
- 3 EL Honig

Chili hacken. Mit Öl, Koriander, Salz und Pfeffer mischen.
Das Lamm darin gut 3 Stunden einlegen.
Für die Sauce die Minze und Äpfel grob hacken.
Gemisch mit Honig und Essig verrühren.
Das Lamm in der Pfanne 2-3 Minuten braten, sodass es im Inneren schön rosa bleibt. Mit der Sauce servieren.
Dazu reiche ich gedämpftes grünes Gemüse, wie zum Beispiel grüne Bohnen, und Kartoffelkroketten.

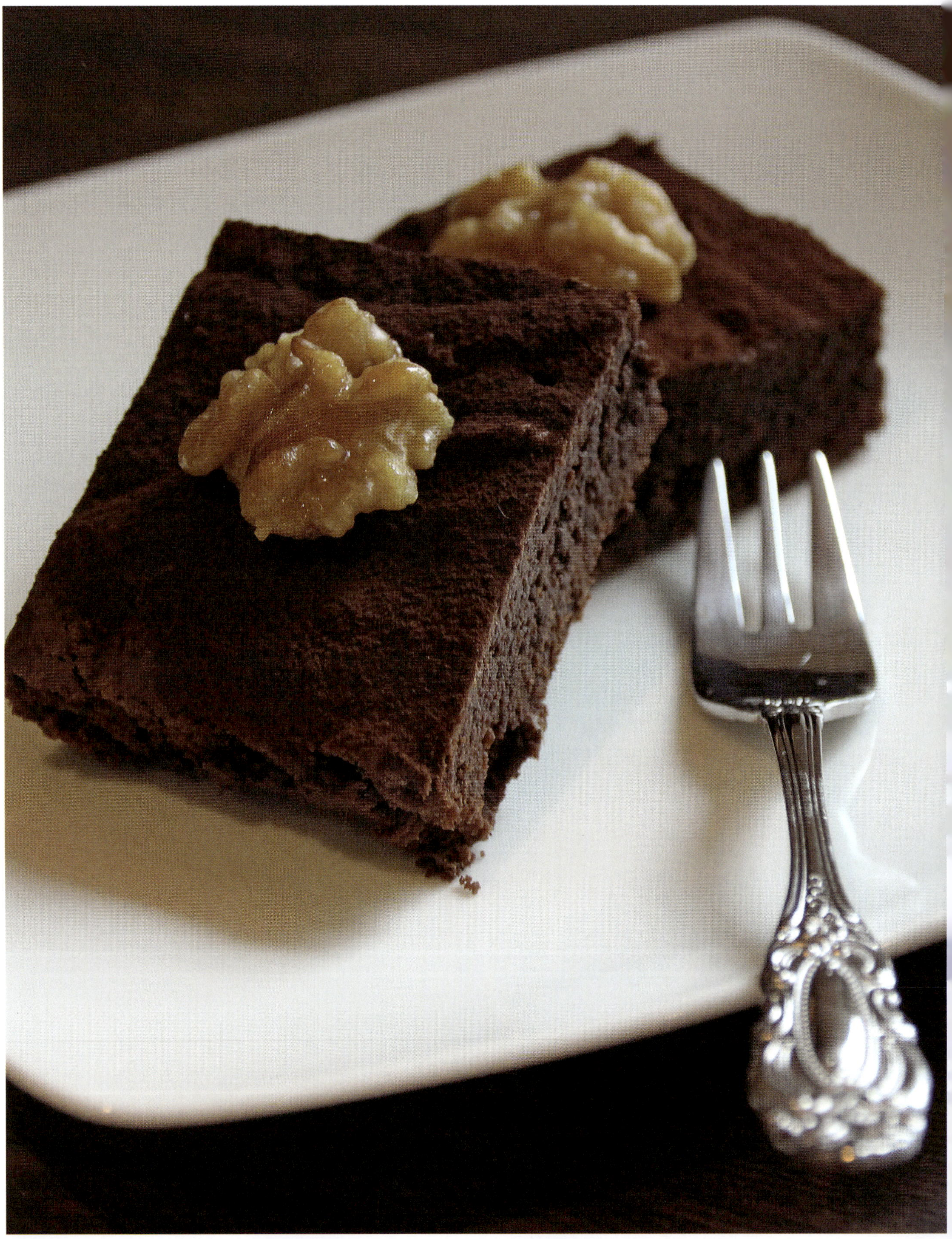

Schokoladen Brownie

- 180 g Mehl
- 150 g Puderzucker
- 40 g Kakao
- 1 Prise Salz
- 180 g Butter
- 250 g Zartbitterschokolade
- 3 Eier (M)
- halbe Walnüsse zur Dekoration
- 4 EL Zucker

Mehl, Puderzucker, Kakaopulver und Salz mischen und durch ein Sieb in eine Rührschüssel sieben. Butter zusammen mit der Schokolade in der Mikrowelle schmelzen lassen. Zwischendurch umrühren. Eier zur abgekühlten Masse geben und diese aufschlagen. Mehlmischung unterziehen. Masse in eine Auflaufform füllen und bei 175 °C 25 Minuten backen. Währendessen den Zucker in einer beschichteten Pfanne karamellisieren und Walnüsse zugeben. Diese dann auf einem Backpapier auskühlen lassen. Die Brownies in Stücke schneiden und mit jeweils einer Walnuss dekorieren. Dazu passt hervorragend Vanilleeis.

Apfel-Tartes mit Whiskysahne

- 8 viereckige Blätterteigplatten, TK
- 50 g zerlassene Butter
- 4 Äpfel, entkernt und in Stücke geschnitten
- 3 EL brauner Zucker
- ½ TL Zimt
- 1 Becher Sahne
- 2 EL Zucker
- 1 EL Whisky

Die Teigplatten antauen lassen. Muffinform mit Butter auspinseln. Teigplatten ebenfalls mit Butter bepinseln, diese dann in die Formen drücken. Äpfel, braunen Zucker und Zimt vermengen und in die Förmchen auf den Teig geben. Bei 180 °C ca. 15-20 Minuten goldbraun backen. Sahne mit Zucker und Whisky aufschlagen und zu den warmen Tartes servieren.

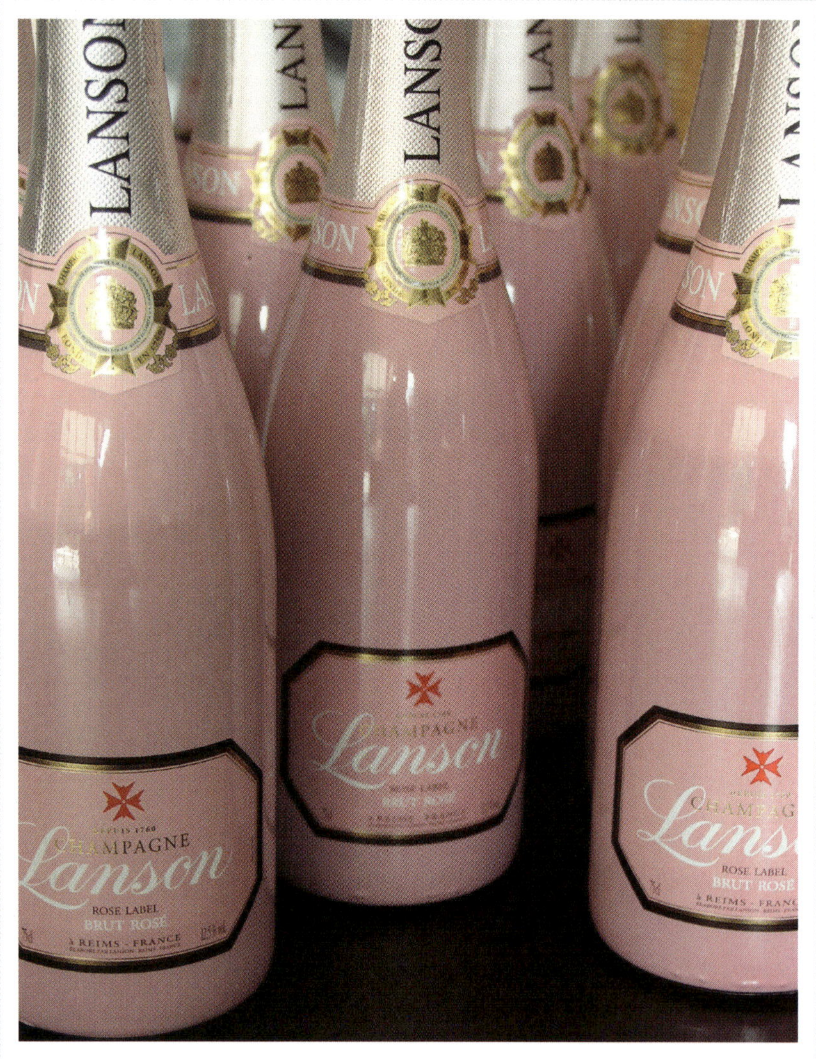
LANSON
CHAMPAGNE
Lanson
ROSE LABEL
BRUT ROSÉ
REIMS - FRANCE

New Year's Eve

Und jetzt ist unsere Reise durch das Jahr auch schon wieder beendet
und Silvester steht vor der Tür…
Wir feiern mit Freunden gemeinsam noch mal die Höhepunkte des vergangenen Jahres und freuen uns alle auf ein ereignisreiches kommendes Jahr.
An diesem Abend geht es recht locker zu. Es gibt bei mir kein festes Dinner, bei dem alle am Tisch sitzen, sondern die Speisen werden nach und nach – wie bei einem Flying-Dinner – gereicht. So können sich meine Gäste in den Wohnräumen verteilen und sitzen nicht so steif über lange Zeit am Tisch – denn schließlich ist Silvester immer die größte Party des Jahres. Mal gehe ich mit ein paar kleinen Häppchen, wie z.B. Blinis mit Lachs und Kaviar, herum und mal stelle ich einfach den frischen Flammkuchen vom Blech auf den Küchentisch und jeder bedient sich nach Lust und Laune selber …

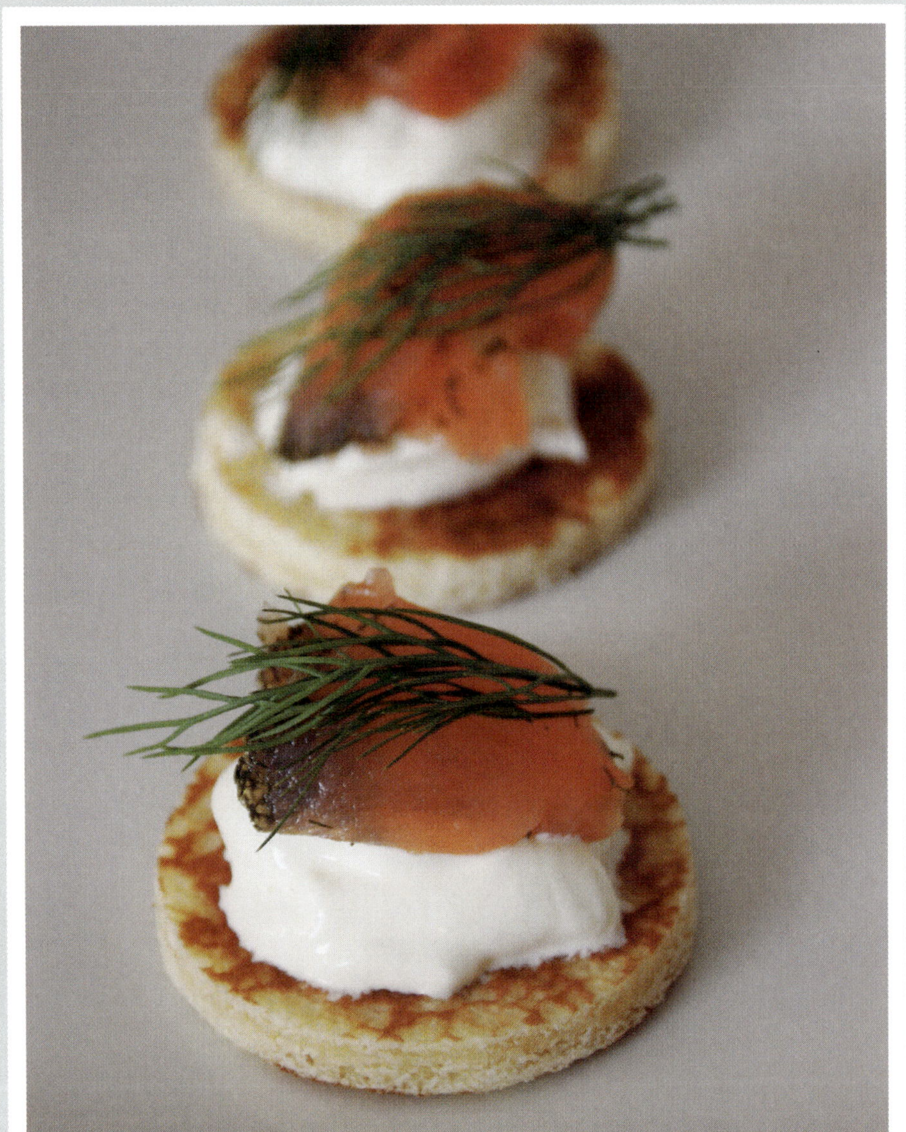

Blinis mit Lachs & Kaviar

Für den Teig:

- 600 ml Milch
- 600 g Buchweizenmehl
- Salz
- 4 Eier
- 40 g Hefe
- 2 TL Zucker

Sonstiges:

- 12 EL Öl
- 300 g saure Sahne
- 300 g Creme Fraiche
- 150 g Lachskaviar
- 200 g Räucherlachs
- 1 Bund Dill

600 ml Milch leicht erwärmen. Buchweizenmehl, 1 TL Salz, Hefe, 8 EL erwärmte Milch und Zucker verrühren. Abgedeckt 15 Min an einem warmen Ort gehen lassen. Nach 15 Minuten die 4 Eier und die restliche Milch zugeben, alles glatt rühren und erneut 2 Stunden gehen lassen.
Öl in einer Pfanne erhitzen.
Kleine Küchlein mit 5 cm Durchmesser in dem Öl goldbraun backen.
Sollen die Blinis eine einheitliche Größe haben, so kann man diese nachträglich mit einer runden Ausstechform in Form bringen. Saure Sahne und Crème Fraiche vermischen und ggf. mit Pfeffer und ein wenig Salz abschmecken.
Creme dann mit einem Teelöffel in Klecksen auf die Blinis geben und mit Lachs oder Kaviar bestücken. Zur Dekoration einen kleinen Dillzweig oben auflegen.

100

Flammkuchen in verschiedenen Variationen

Sie sind einfach zu machen, bedürfen keiner Vorbereitung und es ist für jeden Geschmack etwas dabei … Benötigte Menge für acht Personen als Hauptspeise zum Silvestermenü: 4 Pakete fertiger Flammkuchenteig aus dem Kühlregal

Klassisch

- 1/2 Becher Crème Fraiche
- Pfeffer aus der Mühle
- 1 Zwiebel, in dünne Ringe geschnitten
- 100 g Schinken in Würfel geschnitten

Den Teig dünn mit der Crème Fraiche bestreichen. Pfeffer aus der Mühle darüber mahlen. Zwiebel und Schinken darauf verteilen. Nach Backanleitung backen.

Mit Ziegenkäse, Rosmarin & Birne

- 1/2 Becher Crème Fraiche
- 1 Ziegenkäserolle (ca.150 g)
- 1 Birne, mit Schale in dünne Spalten geschnitten
- 1 EL Pinienkerne
- 1 EL Honig
- 1 Zweig Rosmarin

Rosmarin hacken, Ziegenkäse in ganz dünne Scheiben schneiden. Crème Fraiche ganz dünn auf dem Teig verteilen und mit Pfeffer aus der Mühle würzen. Alle Zutaten – außer dem Honig – auf dem Teig verteilen und nach Backanleitung backen. Nach dem Backen den Honig über den Flammkuchen träufeln.

Mit Lachs und Blattspinat

- 1/2 Becher Crème Fraiche
- 1 Tasse TK-Blattspinat (aufgetaut)
- 100 g Räucherlachs
- 2 EL mittelscharfer Senf
- 2 EL Honig
- Pfeffer aus der Mühle

Crème Fraiche dünn auf den Teig streichen und pfeffern. Blattspinat darauf verteilen und den Teig backen. Währenddessen Honig und Senf vermischen. Nach dem Backen den Lachs auf dem Flammkuchen verteilen und mit dem Senf-Honig-Dressing beträufeln.

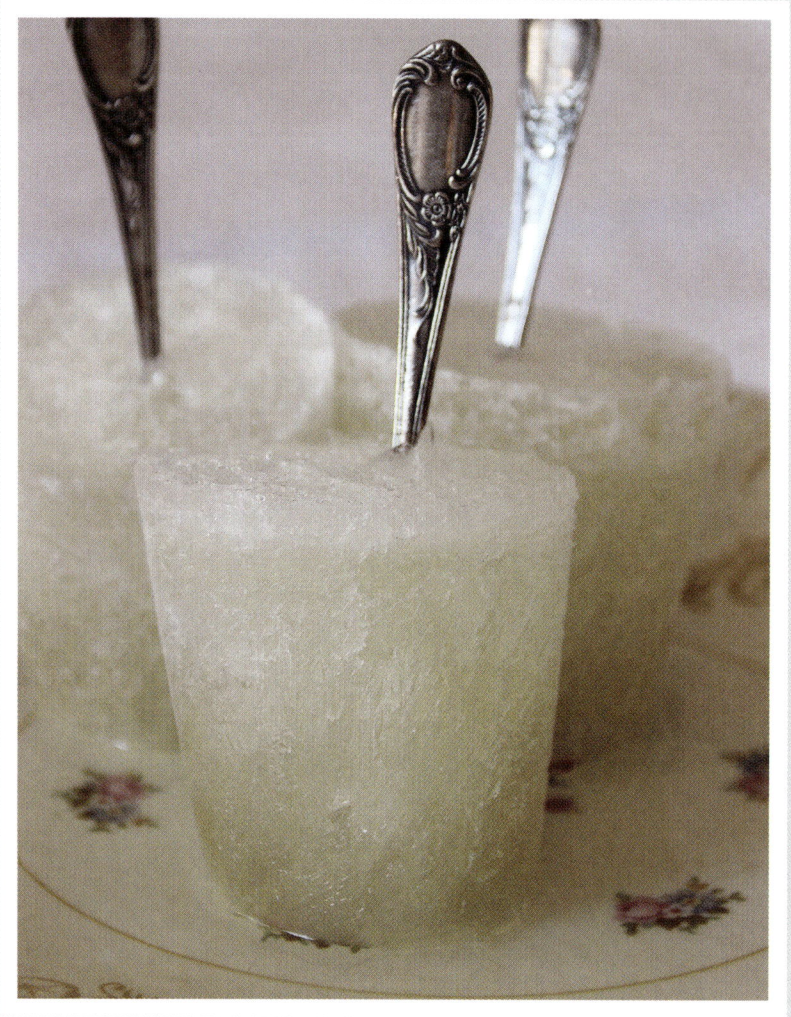

Champagner-Eis

- 150 g Puderzucker
- 250 ml Champagner (oder Winzersekt)
- 2 Blatt weiße Gelatine Alufolie

150 ml Wasser mit 150 g Zucker köcheln lassen, bis sich der Zucker aufgelöst hat. Gelatine in kaltem Wasser einweichen, ausdrücken, im warmen Zuckerwasser auflösen. 5 Minuten abkühlen lassen, dann den Champagner unterrühren. Die Mischung in kleine Gefäße (z. B. Minijogurtbecher oder Einwegtrinkbecher aus Plastik) füllen. Gefäße einzeln fest mit Alufolie abdecken. Jeweils in die Mitte eine kleine Öffnung stechen und kleine Löffel möglichst gerade hineinstecken, sodass sie von der Alufolie gestützt werden. Das Champagnereis mindestens 8 Stunden einfrieren. Vor dem Servieren die Eisformen kurz in warmes Wasser tauchen, damit sich das Eis besser löst. Eis herausheben und mit der Himbeer- und Schokoladensauce zum Dippen servieren. Dessertsaucen gibt es in sehr guter Qualität zu kaufen, da greife ich dann gerne mal zu. Das spart Zeit und schmeckt dennoch wie selber gemacht.

Tipp: Hübsch als Stäbchen sind kleine Silberlöffel mit Verzierungen. Wem Champagner zu teuer ist, der kann das Rezept auch mit einem guten Sekt zubereiten.

Beeren-Tiramisu

- 300 g TK-Beeren, leicht angetaut
- frische Himbeeren
- 100 g Löffelbiskuits
- 150 g Mascarpone
- 100 ml Sahne
- 2 Eigelb
- 50 g Zucker
- 16 EL Amaretto

Löffelbiskuits in kleine Stücke hacken und in 8 kleine Gläschen (z.B. Weckgläser) verteilen. Mit je 2 Löffeln Amaretto beträufeln. Eier mit Zucker aufschlagen. Sahne in einem extra Rührbecher aufschlagen. Mascarpone mit der Eier-Zucker-Masse verrühren. Zum Schluss die Sahne vorsichtig unterheben. Masse mit Löffeln in die Gläschen schichten. Dann eine Schicht Beeren hinzugeben und mit der Creme abschließen. Mit frischen Himbeeren garnieren.

Bread & Butter

Zu jedem guten Essen gehört natürlich auch ein frisches Brot. Dies wird durchgängig bis zum Dessert gereicht. Es stillt zum einen den ersten Hunger der Gäste und bietet zwischen den Gängen immer eine willkommene Abwechslung. Ich backe die Brote immer gerne selber, da die Arbeit nie besonders aufwendig ist, man am Ende aber ganz klar herausschmeckt, ob das Brot frisch gebacken ist oder nicht. Zum Brot reiche ich stets frische Butter – auch gerne mit frischem Meersalz.

Tipp: Eine Alternative zu Butter bietet gutes Olivenöl. Hierzu stelle ich kleine Schalen auf den Tisch, sowie Salz und Pfeffermühlen, mit denen die Gäste das Öl nach Belieben würzen können. Dann kann das frische Brot dort einfach eingetaucht werden.

Auch eine Kräuterbutter kommt immer gut an bei meinen Gästen. Ich nehme einfach ein Päckchen Butter, mische es mit einem Bund frisch gehackter Petersilie und mit Salz. Die Kräuterbutter ist besonders beim BBQ ziemlich beliebt. Also scheuen Sie sich nicht, Ihre Brote selber zu backen – es ist einfacher als gedacht ...

Focaccia mit Rosmarin

- 8 Zweige Rosmarin
- ½ Würfel Hefe
- 225 g Mehl
- ½ Teelöffel Meersalz
- 7-8 EL Olivenöl

Rosmarinnadeln vom Zweig zupfen und klein hacken. Hefe in 150 ml lauwarmem Wasser auflösen. Alle Zutaten verkneten, vorher 6 EL Olivenöl und die Hälfte des Rosmarins zurückhalten. Teig 30 Minuten gehen lassen, dann den Rest Olivenöl zum Teig geben, erneut durchkneten und auf ca. 20x30 cm ausrollen. Mit dem Stiel vom Kochlöffel Löcher in den Teig drücken und noch einmal ca. 10 Minuten gehen lassen. Teig auf ein Backblech legen, mit dem restlichen Rosmarin bestreuen und bei 180 °C Umluft ca. 10 Minuten goldbraun backen.

Das klassische Baguette

... darf bei keinem Dinner fehlen

- 400 g Mehl
- 1 ½ TL Salz
- ¼ TL Tockenhefe
- 320 ml Wasser

Mehl, Salz und Hefe in einer Schüssel mischen. Wasser hinzugeben und mit der Hand gerade soweit untermischen, dass es keine trockenen Nester mehr gibt. Die Schüssel mit Folie abdecken und 12 Stunden kühl stellen. Nach dieser Zeit hat sich eine Teigmasse gebildet, die Blasen wirft. Die Arbeitsfläche gut mit Mehl bestäuben und den Teig mit Hilfe eines Teigschabers auf die bemehlte Arbeitsfläche gleiten lassen. Den Teig nicht kneten, sondern nur in zwei oder drei (je nachdem wie dick das Baguette sein soll) etwa gleich große Teile teilen. Daraus die Baguettes formen. Im vorgeheizten Backofen bei 250 °C Ober-/Unterhitze auf der Mittelschiene ca. 15 Minuten backen.

Maisbrot mit Chili

- 3 rote Chilischoten
- 75 g Cheddar-Käse
- 2 Lauchzwiebeln
- ½ Würfel Hefe
- je 175 g Mehl Type 405 und 550.
- 50 g Mais aus der Dose
- 2 EL Olivenöl
- 1 Ei Gr. M
- 1 EL Honig
- je 1 TL Meersalz und schwarzer Pfeffer

Chili und Frühlingszwiebeln schneiden. Käse reiben. Hefe in 150 ml lauwarmen Wasser auflösen. Alle Zutaten vermengen. Sollte der Teig zu flüssig sein, etwas Mehl hinzugeben. 1 Stunde gehen lassen. Teig in gefettete und gemehlte Kastenform füllen. Teig mit Messer längs einschneiden bei 175 °C (Umluft 150 °C) 40-50 Min backen. Zwischenzeitlich mit Wasser besprühen.

Danksagung
Zunächst möchte ich mich bei meinen Eltern bedanken, die mir überhaupt den Raum dafür gegeben haben, dass ich meine Leidenschaft zum Kochen und Dekorieren umsetzen konnte. Danke an Thorsten, der mich ganz oft in der Küche unterstützt hat. Weiter bedanke ich mich bei allen Freunden und der Familie, die während der kleinen Fotoshoots unglaublich geduldig mit mir waren und manchmal lange warten mussten, bis sie mit dem Essen anfangen durften. Zum Schluss möchte ich mich noch bei Gabriele Förster und Ulrike Herbst vom Busse Verlag bedanken, die nach meinem ersten Buch mir ein weiteres Mal ihr Vertrauen schenkten und mir die Möglichkeit gaben, diese Buchidee zu verwirklichen.

Rezeptverzeichnis

American Pancakes	35
Apfelkuchen	65
Apfel-Tartes	95
Aprikosen-Rosmarin-Mimosa	19
Baguette	105
BBQ-Sauce	55
Beeren-Tiramisu	103
Blinis mit Lachs & Kaviar	99
Buttermilch-Gurken-Suppe	43
Champagnereis	103
Cheese Cake	67
Coq au Vin	47
Crème brûlée	31
Curry-Carrot-Soup	23
Devil's Chocolate Cake	71
Eingelegter Feta	9
Erdbeer-Vanille-Marmelade	13
Espressocreme	83
Feigen-Ziegenkäse-Quiche	25
Filetspieß mit Orangenfilets	61
Flammkuchen	101
Focaccia mit Rosmarin	104
Grilled Chicken with Lemon & Rosmarin	61
Grilled Vegetables	57
Hähnchen mit Estragonsauce	27
Homemade Schoko-Crossies	15
Karamellisierte Birnen	77
Kartoffelsuppe mit Lachsstreifen	23
Klassische Ente	91
Kräuterrührei	35
Lachstatar	89
Lammfilet mit Minzsauce	93
Lavendel-Champagner	19
Lillet-Rose-Cocktail	19
Lovely Cupcakes	68
Maisbrot mit Chili	105
Mango-Zwiebel-Chutney	55
Mint Julep	19
Orangen-Kürbis-Suppe	75
Original Limonade	19
Panna Cotta	51
Paprika-Mandel-Suppe	75
Pflaumen Crumble	83
Regenbogenforelle mit Fenchel	49
Rinderschmorgulasch mit Rotwein	81
Schokoladenbrownie	95
Schokotraum	31
Schweinefilet mit Pflaumen	79
Schweinefilet im Speckmantel	29
Selbstgemachtes Öl	9
Sellerie-Süppchen	87
Silvies BBQ-Burger	59
Sweet Easter Cookies	11
Tomaten-Bruschetta	45
Tomaten-Brot-Salat	54
Tomaten-Paprika-Relish	55
Tomaten-Mango-Suppe	43
Tomato-Muffins	39
Vanille-Beeren-Cupcakes	69
Watermelon-Orange-Salad	54
Walnuss-Bacon-Quiche	37
Zimtmandeln	15

© Busse Verlag GmbH, Bielefeld 2015
Fotos, Text, Layout: Silvie Milchers
Foto Seite 6: www.kathastrophal.de – dieser Blog ist einen Besuch wert!
Druckvorstufe: AW Grafik & Text, Detmold
Druck und Verarbeitung in der Europäischen Gemeinschaft

All rights reserved.

ISBN 978-3-512-04052-8

www.bussecollection.de